ÉMILE BERTAUX

Rome

L'Antiquité

H. LAURENS, Éditeur

ROME

L'Antiquité

MÊME COLLECTION

Paris, par Georges RIAT, 144 gravures.

Bruges et Ypres, par Henri HYMANS, 116 gravures.

Gand et Tournai, par Henri HYMANS, 120 gravures.

Cordoue et Grenade, par Ch.-Eug. SCHMIDT, 97 gravures.

Nîmes, Arles, Orange, par Roger PEYRE, 85 gravures.

Venise, par Pierre GUSMAN, 130 gravures.

Séville, par Ch.-Eug. SCHMIDT, 111 gravures.

Ravenne, par Charles DIEHL, 130 gravures.

Constantinople, par H. BARTH, 103 gravures.

Versailles, par André PÉRATÉ, 130 gravures.

Rome (L'Antiquité), par Émile BERTAUX, 135 gravures.

EN PRÉPARATION :

Florence, par Charles DIEHL.

Rome (Des catacombes à l'avènement de Jules II), par Émile BERTAUX.

Rome (De l'avènement de Jules II à nos jours), par Émile BERTAUX.

Rouen, par Camille ENLART.

Moscou, par Louis LÉGER, de l'Institut.

Strasbourg, par H. WELSCHINGER.

Les Villes d'Art célèbres

ROME

L'Antiquité

PAR

ÉMILE BERTAUX

DOCTEUR ÈS LETTRES
MAITRE DE CONFÉRENCES A LA FACULTÉ DES LETTRES DE LYON

Ouvrage orné de 135 Gravures

PARIS

LIBRAIRIE RENOUARD, H. LAURENS, ÉDITEUR
6, RUE DE TOURNON, 6

1904

ROME

CHAPITRE PREMIER

LES ORIGINES

Fig. 1. — Urne cinéraire en forme de hutte trouvée au Forum.

Les mythes et les légendes qui enveloppaient le berceau de Rome avaient laissé des reliques et des monuments. Les souvenirs visibles de la Rome préhistorique étaient groupés autour de deux collines où les traditions poétiques plaçaient les origines de la Ville : l'une était le Capitole, siège de ce dieu Saturne dont les historiens philosophes avaient fait un roi du temps jadis, le roi bienfaisant de l'âge d'or ; l'autre gardait, sous son nom de Palatin, le nom de la Pallantée arcadienne, où le vieil Evandre avait donné l'hospitalité à Énée. A la fin de l'Empire, le Forum aux bœufs (*Forum boarium*), qui s'étendait au nord du Grand Cirque (*Circus maximus*), entre le Palatin et le Tibre, faisait penser aux bœufs d'Hercule, volés par Cacus, le brigand infernal. Les bouviers tenaient leur marché dans ce petit Forum : de concert avec les changeurs, leurs voisins, ils y dédièrent à Septime-Sévère un petit arc de marbre, qui est encore debout à côté de San-Giorgio in Velabro. Dans le *Forum boarium* le grand autel (*ara maxima*), dédié à Hercule par Evandre lui-même, fut

longtemps desservi par deux familles aux noms archaïques. Les jours où
un triomphe parcourait le grand Forum, l'Hercule du petit Forum était
habillé de la toge à palmes d'or du triomphateur. La statue était conservée
dans une chapelle ronde, avec deux souvenirs insignes du héros grand
buveur : sa massue et sa coupe de bois. Les passants qui allaient du
Grand Cirque vers le Capitole, en longeant le Palatin, voyaient à l'angle
nord-ouest de la colline une grotte entourée de verdure luisante sous
le suintement d'une source ; dans cette grotte Evandre avait sacrifié à
Pan, le dieu Arcadien ; de là partait encore, au temps du pape Gélase, la
procession des Lupercales, avec ses figurants vêtus de peaux et armés de
lanières. Les sénateurs de la République, avant d'entrer à la Curie, qui
se trouvait un peu au nord de l'emplacement où devait s'élever l'arc de
Septime-Sévère, passaient devant un figuier sacré, rejeton ou symbole de
l'arbre sous lequel la louve avait allaité les jumeaux nés d'un dieu. Sur
le Palatin même, Virgile, en rendant visite à Livie, dont la maison
ornée de peintures a été retrouvée, pouvait contempler, à deux pas de
l'habitation patricienne, une simple hutte de branchages et de chaume,
près de laquelle un escalier taillé dans le rocher descendait vers la grotte
du Lupercal ; cette hutte était celle où avait grandi Romulus.

Les souvenirs épiques et bucoliques sanctifiés par la religion d'État et
célébrés, au temps d'Auguste, par les poètes officiels, trouvaient sans
doute plus d'un incrédule. La grotte, la cabane, le figuier qui rappelaient
la pastorale héroïque mise en vers dans les Fastes d'Ovide, ont disparu.
Aujourd'hui ce que le visiteur de Rome peut voir de la plus ancienne
Rome évoque une histoire nue et sans événements.

Tite-Live, après avoir salué, dans son préambule, les légendes qui
faisaient partie de l'intangible majesté de Rome, parle en historien de
ces bergers qui ont été les premiers Romains et dont les descendants laissèrent la houlette pour le glaive. Ce que Tite-Live rapporte, les fouilles
l'ont répété. Rome a été fondée par une petite colonie de bergers qui,
venus des monts Albains, en poussant leurs troupeaux, s'établirent
au milieu de la vaste campagne, sur une colline escarpée, entourée de
hauteurs plus allongées et plus accessibles, qui s'alignaient en file devant
une grande boucle du Tibre. Cette colline, ainsi que l'indiquait la tradition, est le Palatin, qui doit son nom à Palès, déesse des bergers, bien
plutôt qu'à une métropole arcadienne. Les fouilles qui ont creusé en tous
sens le sol du Palatin ont prouvé que sur ce plateau avait été élevée la
bourgade primitive, précisément parce que la pioche n'y a rencontré
aucun reste de ses habitants.

Dans les vieilles villes italiotes
ou étrusques, les sépultures n'é-
taient jamais placées à côté des
cabanes, sur une même acropole.
A Corneto, à Véies, la ville fortifiée et le cimetière de la ville
occupent des collines séparées par
une large vallée. Or en face du
Palatin, du côté opposé au fleuve
dont les débordements remplis-
saient le Forum aux bœufs et la
vallée du Cirque, les travaux de
voirie et les recherches archéolo-
giques entreprises par le gouvernement italien ont exhumé des
sépultures primitives. Un cimetière antérieur aux guerres Puniques et renfermant des tombes
très anciennes occupait les pentes
de l'Esquilin, séparé du Palatin
par le cirque naturel au fond
duquel s'est élevé le Colisée.
Quelques tombes plus archaïques
encore ont été découvertes en 1902,
plus près du Palatin, dans la vallée
du Forum, au pied du temple
d'Antonin et de Faustine. Les
tombeaux de l'Esquilin et du
Forum représentent tous les types
de sépulture préhistorique connus
en Italie. Peut-être la diversité
des formes indique-t-elle que des
colonies successives, de provenance différente, se sont établies
sur le Palatin et le Capitole,
comme les Latins et les Sabins de
la légende : des squelettes ont été
retrouvés dans des tombes à inhumation ; des marmites remplies de

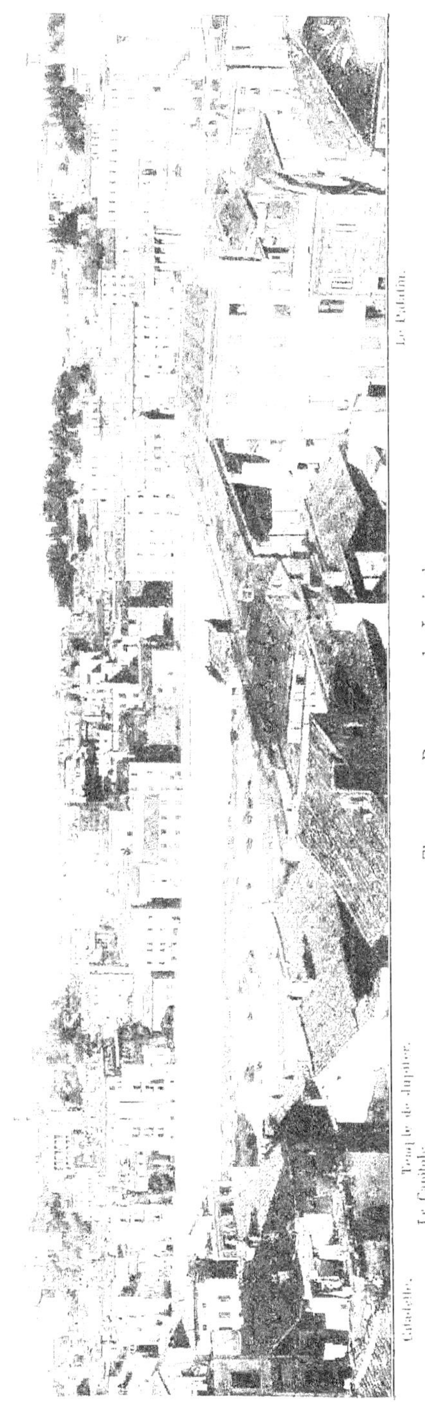

Fig. 2. — Rome vue du Janicule.

cendres dans des tombes à incinération. Tantôt la tombe est une cavité
creusée dans le roc et recouverte d'une dalle de pierre ou de terre cuite ;
tantôt elle est un sarcophage grossier ou une grande amphore. Une urne
cinéraire en forme de hutte ronde à toit conique (fig. 1), — la hutte de
Romulus au Palatin, — a été retrouvée non loin d'un squelette enfermé
dans un tronc d'arbre creusé au feu comme une barque polynésienne.

Quelques fragments de ces tombeaux et une partie des objets mêlés
aux ossements et aux cendres ont été recueillis dans deux salles du palais
des Conservateurs, au Capitole. Les morceaux les plus primitifs sont des
poteries brunes mal cuites, des fibules et des anneaux de bronze. Ces premiers essais de l'industrie romaine sont identiques aux objets qui ont été
retrouvés au bord du lac d'Albano, cet ancien cratère, sous la couche de
lave épanchée par un volcan des monts Albains dans une éruption dont
l'histoire n'a pas conservé le souvenir[1]. D'après leur mobilier funéraire,
quelques-unes des tombes du Forum et de l'Esquilin peuvent être attribuées
au VIIIᵉ siècle, c'est-à-dire à l'époque même où la chronologie tradition-
nelle plaçait la fondation de Rome. D'autres tombes un peu plus récentes
contenaient des morceaux de fioles et de coupes de fabrication grecque.
Dans les commencements obscurs de Rome, ce qui a forme artistique est
objet d'importation ; il en sera de même longtemps après que la ville
aura grandi de colline en colline.

La bourgade formée par la colonie latine du Palatin et grossie, d'après
la tradition, par une colonie sabine établie sur le Capitole, avait admis
auprès d'elle une colonie étrusque. Cælius Vibenna, un « lucumon » du
pays tyrrhénien, occupa la colline qui porte encore son nom, le Célius ;
d'autres Étrusques s'installèrent dans la partie de la vallée du Forum
comprise entre le Capitole et le Palatin ; leur souvenir fut conservé dans
le nom du *Vicus Tuscus*, une rue qui passait entre le temple de Castor
et Pollux et la basilique Julia. Un Étrusque, riche et noble, venu de Tarquinies, rejoignit au bord du Tibre les hommes de sa race qui s'y trouvaient réunis. Il détrôna le roi des Latins et des Sabins et fonda à Rome
une dynastie étrusque.

L'histoire des Tarquins est moins fabuleuse que celle de Romulus et de
Numa. Ses épisodes revivaient dans la mémoire et dans l'art des Étrusques de Toscane plus de cent ans après la chute du dernier roi de Rome :
une peinture du IVᵉ siècle, qui a été retrouvée dans un magnifique tom-

---

[1] Des urnes cinéraires en forme de hutte, provenant d'Albano, sont exposées au Musée
étrusque du Vatican (*Museo Gregoriano*).

beau, près de Vulci, représente, sous son nom étrusque, le héros Mastarna, que les Latins appelèrent Servius Tullius.

Avant l'avènement de ce roi, la population rassemblée autour du Palatin s'était peu à peu répandue sur les collines avoisinantes, depuis l'Aventin jusqu'au Quirinal. Servius, au dire des anciens annalistes,

Fig. 3. — Ruines d'une tour et d'une entrée de la ville primitive sur le Palatin.

aurait enfermé sept des collines dans une enceinte fortifiée. Les deux extrémités de la boucle dessinée par la muraille se rapprochaient au bord du fleuve, à la pointe orientale de l'île du Tibre; l'accès de la ville était ménagé, de ce côté, par le pont Sublicius, le fameux pont de bois défendu par Horatius Coclès et qui existait encore sous l'Empire. Le mur dit de Servius laissait en dehors de la ville toute la colline du Pincio et la plaine d'alluvions qui s'appelait déjà le Champ de Mars.

Le voyageur qui arrive aujourd'hui à Rome par la station principale voit à sa droite un pan de mur composé de grands blocs rectangulaires en tuf jaunâtre qui a été laissé debout au milieu des voies de garage. En gagnant les quartiers neufs par le Via Nazionale, on rencontre, à l'endroit

où l'avenue descend de la colline du Quirinal, un autre fragment de
même construction, dont les pierres, toutes noircies, sont à demi cachées
dans la verdure d'un petit square, au milieu de la place Magnanapoli.
D'autres pans de la vieille muraille sont encore visibles à droite et à
gauche du Viale di Porta San Paolo, dans le sillon creusé entre les deux
croupes de l'Aventin ; la muraille continue à travers les jardins voisins.

Fig. 4. — Muraille primitive et escalier sur le Palatin.

Les restes d'une porte flanquée de deux tours carrées ont été découverts
à l'extrémité orientale du Quirinal, à côté du Ministère des Finances.

L'enceinte, dont les robustes assises ont reparu aux extrémités opposées des sept collines, n'avait pas la même force tout le long de son circuit. Les murailles conservées dans la gare devaient couronner des
collines en pente douce. De ce côté, la défense était formidable. L'une des
faces du mur épaulait un rempart de terre ; l'autre face tombait à pic
dans un fossé profond de dix mètres. Ce mur est celui qui n'arrêta pas les
Gaulois ; ce fossé est celui qu'Annibal vint longer au galop, avec un parti
de cavaliers africains, pour reconnaître la ville qu'il renonça à attaquer.
Les blocs rectangulaires de la première enceinte de Rome n'ont plus la

taille énorme et l'irrégularité polygonale des blocs cyclopéens qui forment les enceintes de Norma et d'Alatri. Les nombreuses marques de tâcherons gravées sur le pépérin sont les lettres d'un alphabet latin du IV⁰ ou du III⁰ siècle avant l'ère chrétienne. Peut-être aucun des pans de l'enceinte qui ont été retrouvés ne remonte-t-il au temps des rois étrusques. Cependant des restes de murailles bâties avec un appareil semblable à

Fig. 5. — Mur de soubassement du temple de Jupiter Capitolin.

celui du mur de l'*agger* se sont conservés sur les deux collines habitées par les premiers Romains. Sur le Palatin, à l'angle nord-ouest du plateau, les fouilles ont mis à nu la base d'une tour très ancienne qui gardait une entrée (fig. 3). Un peu plus loin, un escalier flanqué d'une muraille archaïque et qui est peut-être l' « escalier de Cacus », mentionné par Properce et Ovide, conduit vers l'emplacement de la légendaire cabane de Romulus (fig. 4).

Une muraille de même construction que celles du Palatin entoure encore de ses débris gigantesques l'une des deux cimes du Capitole, celle qui domine le cours du Tibre. Une paroi composée de douze assises de blocs rectangulaires de tuf volcanique est debout dans le jardin du palais Caffarelli, occupé par l'ambassade d'Allemagne : ce mur est visible de la place de Torre dei Specchi (fig. 5). Il n'a pas fait partie de la citadelle élevée dès le temps des rois sur la colline livrée à l'ennemi par Tarpeia. La citadelle se dressait sur le second sommet, de l'autre côté de la place du Capitole : elle couronnait la position dominante à laquelle conduit l'escalier solennel de l'Ara Cœli. La muraille ancienne, qui ne faisait pas partie de la citadelle, a pu servir à la défense; mais son rôle était de soutenir l'aire consacrée sur laquelle s'élevait le temple de Jupiter Très-Bon, Très-Grand, le plus fameux des sanctuaires de Rome et l'un des plus anciens.

Le temple bâti sur le Capitole, en pendant à la citadelle, avait été fondé par Tarquin le Superbe et consacré en l'an 509 avant Jésus-Christ, quelques mois après l'expulsion du dernier roi étrusque. C'était un édifice de pur style toscan, une imitation fort altérée des plus anciens temples doriques de la Grèce. Une triple cella, dont les trois portes s'ouvraient sur la façade et regardaient le Palatin, était consacrée à une trinité divine : Jupiter occupait la cella du milieu; Junon et Minerve les deux autres. Les colonnes de tuf portaient un entablement de bois. Les sculptures des frontons et des acrotères étaient l'œuvre d'artisans étrusques; les plus grandes figures étaient en terre cuite violemment coloriée, même le quadrige qui surmontait l'édifice et le Jupiter colossal qui montrait dans l'ombre de la cella sa robe triomphale et sa face rouge.

Ce temple resta debout pendant plus de quatre siècles : les oies sacrées, si l'on croit Tite-Live, le sauvèrent des Gaulois qui dévastèrent toute la ville, autour du Capitole. En l'an 83 avant Jésus-Christ, alors que les partisans de Marius et de Sylla se donnaient la chasse jusque dans les enclos sacrés, le feu fut mis au temple de Jupiter. Sylla le rebâtit presque aussitôt; Auguste restaura l'édifice de Sylla. Après un nouvel incendie, un quatrième temple fut élevé par Domitien sur l'emplacement du temple de Tarquin. Les fouilles n'ont fait retrouver qu'une colonne du dernier temple, un fût de marbre pentélique, et le soubassement carré élevé au-dessus de l'aire consacrée pour recevoir les murs et les colonnes du premier temple. Les trois *cellæ* de l'édifice de Tarquin se trouvaient exactement sous le palais de l'ambassade d'Allemagne. Pour se faire une idée du temple étrusque de Jupiter Capitolin, le mieux est de s'en aller visiter, hors de la Porta Salaria, le musée formé depuis quelques années dans la villa du pape Jules III. Les décorations en terre cuite modelées à Rome par des Étrusques devaient être imitées de bas-reliefs grecs, comme les fragments qui ont été groupés dans une salle du Musée et qui proviennent

Fig. 6. — Le Forum romain vu du Capitole.

de Faléries (près Cività Castellana). Dans la cour même de la villa s'élève un temple étrusque qui reproduit les dispositions principales du temple de Jupiter, bâti en tuf, en bois et en argile : ce temple est une restauration moderne, élevée sur les plans d'un petit édifice dont les ruines ont été découvertes près de la vieille cité volsque d'Alatri.

En dehors des murailles du Palatin et du Capitole, les plus anciennes constructions retrouvées à Rome sont des travaux d'utilité publique. La vallée qui séparait le Capitole du Palatin était plus spacieuse que les dépressions accusées entre les autres collines : par sa position et par son étendue, elle était le rendez-vous naturel des populations qui descendaient des collines. Ce lieu d'assemblée devait devenir le centre du monde ancien, sous le nom de Forum romain. Mais lorsque le Palatin reçut ses premiers habitants, la vallée du Forum, où se réunissaient les eaux qui ruisselaient aux pentes des collines, était marécageuse et malsaine. Ce n'est point dans cette vallée que furent convoquées les premières assemblées des Latins et des Sabins : l'espace du *Comitium*, consacré par Tullus Hostilius, s'étendait sur une plate-forme naturelle, entre l'Arc de Septime Sévère et la Via Cavour (fig. 6). Cependant les Étrusques s'établissent au *vicus Tuscus* et Tarquin l'Ancien élève, suivant la tradition, une série de boutiques dans la vallée du Forum, au pied du Palatin. Pour devenir accessible et habitable, la vallée avait besoin d'être desséchée et assainie. Les rois étrusques construisirent un canal destiné à porter au Tibre les eaux stagnantes : ce fut la *Cloaca maxima*, qui traversait le Forum romain et le Forum des bœufs. Le canal s'ouvre encore dans le fleuve devant l'église Santa Maria in Cosmedin et le petit temple rond dédié à une divinité inconnue (fig. 7). La construction des quais neufs a fait disparaître le manteau de verdure qui tombait sur la bouche du canal comme sur l'entrée d'une grotte mystérieuse. La vieille voûte de tuf apparaît encore sous une arcade en briques (fig. 8).

Cette voûte a passé jusqu'à nos jours pour un ouvrage remarquable des ouvriers étrusques qui travaillaient sous les ordres des Tarquins. Les fouilles ont démontré que la *Cloaca* a été plusieurs fois reconstruite depuis le temps des rois ; les restaurations les plus importantes datent du temps d'Auguste : Agrippa qui en fut chargé parcourut le canal souterrain en bateau, comme les touristes qui voyagent aujourd'hui dans le grand collecteur de Paris. Les parties de la voûte qui ont été mises à nu au Forum et sur l'emplacement du Comitium sont plus hautes que le niveau des pavements contemporains de la République.

Cependant les premiers travaux de drainage attribués aux Tarquins
ont été réellement exécutés au temps des rois. A ces travaux est rattachée une construction puissante et primitive qui fait partie de la vieille
prison enfouie au pied du Capitole, derrière l'arc de Septime-Sévère.
Cette prison. le *Tullianum*, se compose de deux salles superposées.
Celle du haut est couverte d'une voûte dont les pierres sont taillées à la
manière ordinaire et assemblées avec du ciment. Un trou est béant au

Fig. 7. — Orifice de la *Cloaca maxima*.

milieu de cette salle : il communique avec une chambre ronde, obscure
et glacée comme une tombe. Les archéologues qui ont pénétré par le trou
ont trouvé les murs de la chambre souterraine bâtis en gros blocs rectangulaires, dont les assises avancent en encorbellement les unes au-dessus des
autres, comme celles de quelques tombeaux étrusques et des mausolées de
Mycènes. La tête du cône a été abattue dans une restauration et remplacée
par une voûte écrasée. Le fond de la cave est toujours couvert d'eau : la légende chrétienne, qui place dans ce lieu sinistre la prison de saint Pierre,
parle d'une source miraculeuse jaillie sous la bénédiction de l'apôtre. Mais un
siècle avant la naissance du Christ, Jugurtha, le vaillant roi de Numidie, que
les licteurs plongeaient dans le souterrain après le triomphe de Marius, s'était
écrié : « Par Hercule ! qu'il est froid votre bain ! » En réalité la chambre basse
du Tullianum avait formé au pied du Capitole un réservoir d'eau bâti

d'après le modèle de la citerne étrusque qui a été retrouvée à Tusculum. Un canal voûté qui se dirigeait vers le *Comitium* déversait le trop-plein du *Tullianum* dans la *Cloaca maxima*. Dès le temps de la République la chambre basse servait de cachot, comme la chambre supérieure de prison, et l'eau des sources du Capitole ne la remplissait plus.

Des murailles, une voûte primitive, c'est tout ce qui subsiste de la Rome étrusque. Les Tarquins n'ont pas fait creuser aux flancs de l'Esquilin des chambres funéraires pareilles à celles de Tarquinies, où des peintures imitées des vases grecs exposent la vie fastueuse et voluptueuse des Mânes. Les bijoux phéniciens, les aryballes corinthiens, les coupes attiques, les statues de terre cuite couchées sur les sarcophages qui représentent la patricienne étrusque, avec sa tiare orientale et ses bottines recourbées comme des babouches turques, tous les chefs-d'œuvre helléniques et toutes les curiosités qui sont groupées à Rome dans le *Museo Gregoriano* du Vatican, le Musée Kircher et la *Villa di papa Giulio*, proviennent des nécropoles étrusques de la Toscane et de l'État pontifical : les tombeaux romains, urnes ou fosses, n'ont livré que de misérables tessons.

Le seul monument funéraire de quelque importance qui remonte probablement à l'époque des rois a été retrouvé en 1899 dans les fouilles du Forum, à peu de distance du *Tullianum*. Après avoir provoqué les hypothèses les plus contradictoires, ce monument est resté une énigme. Au milieu du pavement de pierre grise qui s'étendait devant l'arc de Septime-Sévère, un carré de pavement en marbre noir de 2^m,50 de côté semblait marquer une place consacrée. M. Boni, le directeur des fouilles, eut l'idée hardie et heureuse de pratiquer une galerie d'exploration sous le pavement mystérieux. Il trouva enfouies dans le sol deux bases rectangulaires en pierre de tuf, longues de 2^m,60, larges de 1^m,10, hautes de 50 centimètres, qui étaient adossées à une sorte de terrasse en pierre. Les deux bases étaient placées parallèlement l'une à l'autre ; entre elles se dressait isolé, à la manière d'un cippe, un énorme bloc de tuf. Quelques érudits grecs et romains avaient mentionné près du *Comitium* et devant l'arc de Septime-Sévère un monument qui était flanqué de deux lions couchés et qui passait pour le tombeau du berger Faustulus ou de Romulus en personne. Les textes s'appliquaient exactement aux grandes pierres taillées qu'avait recouvertes le pavement de marbre noir : il suffisait d'imaginer sur les deux grandes bases deux lions couchés dans l'attitude des sphynx pour reconstituer l'image du monument vénérable qui rappelait peut-être le nom de Romulus, tout près du figuier sacré,

destiné à commémorer l'enfance du héros allaité par la louve. Pourquoi
ce monument que Varron voyait encore au temps de César, a-t-il été
enfoui dans une sorte de cachette souterraine ? Dans quelle restauration
de l'époque impériale le « tombeau de Romulus » a-t-il été soustrait
aux regards ? Les questions n'ont pas reçu de réponse définitive. Le
monument était-il un tombeau ? Est-il contemporain de la fondation
de Rome ? Les piédestaux en pierre de tuf ont un soubassement dont la

Fig. 8. — La *Cloaca maxima* avant la construction des quais du Tibre.

moulure s'évase à la manière des vieux chapiteaux doriques de
Paestum. Une trouvaille faite à quelques pas de ces bases a mis au
jour un groupe d'objets d'une haute antiquité. Un tas d'offrandes, parmi
lesquelles de petits reliefs de terre cuite et des statuettes de bronze,
était amoncelé à côté d'une stèle pyramidale, haute de 60 centimètres et
brisée. Sur cette stèle, une inscription très archaïque était gravée sur des
lignes qui se suivent alternativement de gauche à droite et de droite à
gauche : c'est l'écriture dite *boustrophédon*, qui imite le va-et-vient de
la charrue dans le champ. L'inscription, dans son état de mutilation, ne
peut être interprétée. Le nom d'un roi, REGEI, y a été lu clairement.
Mais s'agit-il d'un roi de Rome ou du prêtre appelé roi des sacrifices ? Le
document épigraphique, même inintelligible, est de la plus haute importance pour l'histoire de la langue et de la civilisation de Rome. Il est

écrit dans un dialecte latin et non dans l'incompréhensible langage
des Étrusques ; l'alphabet employé n'est pas l'alphabet étrusque, mais
l'alphabet chalcidien adopté dans la colonie grecque de Cumes. Cette
ville de Cumes, bâtie à l'une des extrémités du golfe de Naples, en
face de l'île d'Ischia, était la colonie la plus septentrionale qui eût été
fondée par les Grecs sur les côtes d'Italie. Elle fit connaître son industrie
à la Rome primitive, en même temps que son alphabet : quelques-unes
des statuettes de bronze qui ont été retrouvées au pied de la stèle
archaïque du Forum étaient de petits Apollons grecs. Les caractères de
l'inscription et le style des figurines font penser au VIe siècle. Le « tombeau de Romulus » est plus voisin de la révolution qui renversa les rois
que du héros dont la charrue traça une première enceinte autour du
Palatin. Les monuments primitifs du Forum ne confirment point les
légendes ; ils ne précisent point les faits : anonymes et mystérieux, ils
évoquent obscurément le temps où Rome parlait un latin barbare et
commençait à être visitée par des marchands grecs.

CHAPITRE II

L'ART GREC A ROME

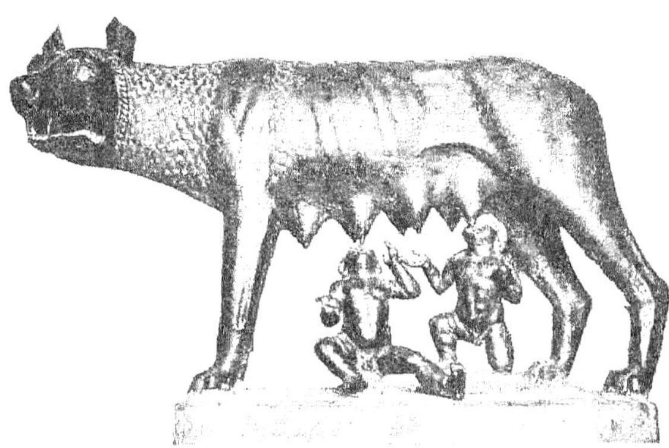

Fig. 9. — La Louve du Musée du Capitole.
Bronze grec de la fin du VIe siècle avant Jésus-Christ.

La louve, emblème de la ville de Romulus, est représentée aujourd'hui devant la place du Capitole par une bête prisonnière, qui tourne en cage avec son mâle, comme un ours de Berne. Près de la cage dont quelques badauds s'amusent, une louve de bronze est enfermée, de l'autre côté de la place du Capitole, dans le palais des Conservateurs (fig. 9). Cette statue se trouve sur le Capitole depuis l'année 1471 : auparavant elle était exposée sur la place de Latran : un moine du Soracte l'avait vue devant le palais des papes au Xe siècle. La bête fatidique révérée par les Romains du moyen âge est une antiquité digne de respect.

Une statue de la Louve allaitant les deux jumeaux fut placée, l'an 296 avant Jésus-Christ, sous le figuier sacré du *Comitium*. Le groupe est représenté sur plusieurs monnaies : la louve tournait la tête avec sollicitude vers ses deux nourrissons. La bête du Capitole n'a pas à s'occuper des enfants : ceux-ci ont été ajoutés sur son socle au XVIe siècle. Efflanquée et comme affamée, la Louve avance une gueule menaçante. Elle n'est pas la nourrice de Romulus et de Rémus, mais l'animal sacré du dieu Mars, protecteur de la ville, ou plutôt l'animal *totem*, frère mystérieux de l'un des clans qui ont fondé Rome. Peut-être, lorsque ce bronze a été fondu, la légende des jumeaux, fils de la vestale, ne s'était-elle pas encore formée. La Louve du Capitole, avec son corps maigre, ses reins plats, son cou allongé, sur lequel est gravée une crinière, ressemble aux ouvrages grecs de la fin du VIᵉ siècle; comme les petits bronzes retrouvés dans le « tombeau de Romulus », elle a dû être fondue peu d'années avant òu après la révolution de 510.

Ce bronze historique est-il l'œuvre d'un Étrusque ou d'un Grec d'Italie? Pendant les deux siècles où les villes fortes de la Toscane et les colonies grecques de l'Italie du Sud perdent leur puissance et leur prospérité, en face de Rome plus forte d'année en année et plus menaçante, il est difficile de connaître ce que Rome a dû à l'Étrurie, d'un côté, à la Grande-Grèce de l'autre. Par le Nord comme par le Sud, l'art qui était importé à Rome était l'art grec, représenté par des originaux ou des imitations. Les artisans de Cumes ou de Véïes copiaient des modèles analogues ; ils employaient les mêmes matériaux. Quelques années après l'établissement de la République et la consécration du temple de Jupiter, fondé par le dernier Tarquin, un temple fut élevé dans la vallée du Cirque, en l'honneur de Déméter, identifiée par les Romains avec Cérès. L'édifice, de style dorique, fut décoré par deux artistes grecs, venus de l'Italie du Sud, Gorgasos et Damophilos. Les reliefs des frontons étaient en terre cuite peinte, comme ceux du temple étrusque de Jupiter Capitolin. Aucun vestige de ces sculptures archaïques n'a été retrouvé. Les statues de bronze furent apportées par milliers au Capitole et au Forum, à mesure que les consuls s'emparaient des acropoles étrusques : aucun fragment ne s'en est conservé. Tout l'art étrusque et grec, dont Rome fit sa parure pendant les deux premiers siècles de la République, est représenté par la Louve du Capitole.

Après la grande guerre Samnite, dans laquelle furent entraînées toutes les provinces barbares ou hellénisées de l'Italie méridionale, la ville qui est devenue la capitale de l'Italie appelle ou attire à elle les poètes et les artistes de la Campanie et de la Grande-Grèce. Les premières œuvres que ces étrangers exécutent dans le milieu inculte de Rome sont des traductions. Livius Andronicus, un Grec de Tarente, fait prisonnier par le triomphateur Livius Salinator, en 272, écrit en latin des tragédies de cabinet à sujets mythologiques : une *Danaé*, un *Achille*, un *Cheval de Troie*. Au temps même où quelques curieux de nouveauté prenaient intérêt à ces premiers essais, un artiste au nom campanien gravait à Rome les dessins qui décorent le fameux coffret de toilette en bronze, conservé au Musée Kircher, et qui a été trouvé à Palestrina avec beaucoup d'objets de même forme et de même usage. L'inscription placée sur la poignée du couvercle, composée de trois figurines (l'Amour entre Iolas et Hercule), fait parler la ciste qui dit en vieux latin : « Novius Plautius m'a fait à Rome ; Dindia Macolnia m'a donnée à sa fille » : *Novios Plautios med*

Fig. 10. — Ciste de Palestrina, signée par Novius Plautius (Musée Kircher).

Romai fecid ; Dindia Macolnia fileai dedit. Les figures gravées tout autour du coffret racontent, avec des épisodes connus sans doute alors des seuls érudits. le débarquement des Argonautes sur la côte de Bithynie ; après un combat en règle au pugilat, le héros Pollux est vainqueur du roi des Bébryces. La composition est certainement imitée de quelque peinture grecque, dans le goût des fresques de Polygnote ; le dessin a les contours purs d'une peinture de vase attique (fig. 10).

D'autres œuvres non moins délicates ont pu sortir des ateliers établis à Rome par des artistes venus de l'Italie du Sud ; aucune signature ne les désigne. D'ailleurs, la série des victoires romaines rendait inutiles les intermédiaires, Étrusques ou Campaniens, qui avaient les premiers fait connaître l'art grec à Rome. Tandis que les Ennius et les Attius, les Plaute et les Térence s'évertuent à adapter pour un public encore rude les

Fig. 11. — Jardin du Musée national des Thermes,
ancien cloître de la Chartreuse de Santa Maria degli Angeli.

tragédies d'Euripide et les comédies de Ménandre, les originaux les plus précieux de l'art grec sont portés au Capitole dans le cortège des triomphateurs, et consacrés ensuite devant les temples ou sur les places. Le Musée du Capitole possède une des bases sur lesquelles le consul Marcus Fulvius Nobilior, vainqueur de Pyrrhus, fit placer des statues qui avaient orné son triomphe.

Dans la période de succès inouïs qui commence avec la prise de

Syracuse par Marcellus, en 212 avant Jésus-Christ, et qui atteint son
apogée en l'an 146, où sont prises Corinthe et Carthage, les villes de la
Sicile, de la Grande-Grèce, de la Grèce même ont été dépouillées des
chefs-d'œuvre dont elles étaient remplies. Sylla continue le pillage méthodique en portant la main sur les plus fameux sanctuaires de la Grèce.

Fig. 12. — Stèle ionienne du VI⁰ siècle avant Jésus-Christ (Villa Albani).

Plus d'un proconsul se forma des collections par les procédés de Verrès,
dont n'étaient exclus ni le sacrilège, ni l'assassinat. Les conquêtes pacifiques de quelques amateurs furent aussi fructueuses que les violences.
Atticus, cet ami de Cicéron, qui dut son surnom à son amour de la Grèce
et à sa maison d'Athènes, achetait des chefs-d'œuvre qu'il savait choisir.
Des parvenus ignorants voulaient avoir leur galerie, comme le Damasippe
d'Horace. Le commerce des objets d'art devint aussi actif dans la Rome

des empereurs qu'il peut l'être aujourd'hui à Londres ou à Paris. Martial
a peint au vif ce monde d'experts, de marchands et de prétendus con-
naisseurs, où ne manquaient pas les faussaires.

À la fin de l'Empire, Rome, enrichie de siècle en siècle par les généraux et les souverains, gardait presque tous ses trésors artistiques. Elle en
perdit beaucoup lorsqu'une capitale nouvelle s'éleva sur la rive européenne
du Bosphore. La Grèce et l'Orient durent envoyer à Constantinople les

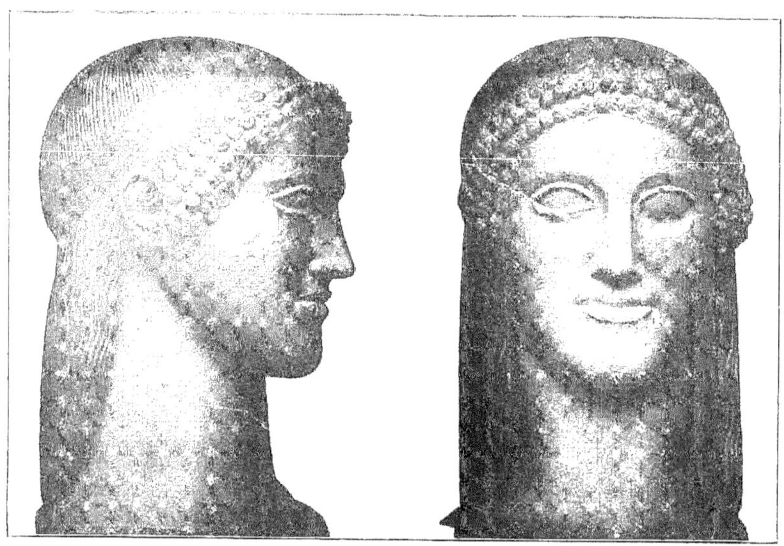

Fig. 13. — Tête colossale d'Aphrodite. Original grec du commencement du v⁰ siècle
avant Jésus-Christ (Musée des Thermes).

plus nobles des statues que Rome ne leur avait pas prises : Rome elle-
même fut dépouillée par Constantin.

Au milieu des palais et des temples qui tombaient en ruines, des milliers de statues restèrent sur leurs piédestaux. Elles furent renversées par
les chrétiens ou tombèrent au milieu des débris. Une quantité de marbres
sculptés disparurent à jamais. Pourtant, les statues qui ont été exhumées
à Rome, depuis les premières fouilles de la Renaissance, ont enrichi tous
les musées d'Europe. A Rome même, les antiques forment la série la plus
nombreuse qui soit au monde ; ils remplissent plusieurs musées publics et
privés. A côté des Musées fameux du Vatican et du Capitole, un nouveau
Musée national, établi dans le couvent des chartreux qui a pris la place
des Thermes de Dioclétien (fig. 11), s'enrichit sans cesse de marbres et
de bronzes. Quelques collections princières, qui sont d'étendue médiocre,

et aujourd'hui, tout au moins, d'accès difficile, contiennent des œuvres insignes [1].

En visitant les antiques des galeries romaines, il faut se souvenir d'abord que la plupart d'entre eux ont été découverts dans un temps où les amateurs demandaient aux marbres, non point une leçon d'art et d'histoire, mais un pur plaisir des yeux. Une statue enfouie depuis quinze siècles n'était jamais intacte : pour lui donner place dans un parc ou sous

Fig. 14. — La naissance d'Aphrodite. Dossier d'un trône de marbre (1re moitié du ve siècle). (Musée des Thermes.)

un portique, il fallait la restaurer. Dans les collections anciennes, comme celle du Vatican, la plupart des restaurations ne sont que des contre-sens. Elles ne tiennent pas compte des attributs les plus apparents des sexes : au Vatican, une tête de Minerve, posée sur le corps d'un Apollon, vêtu d'une longue tunique, a créé un hermaphrodite qui n'est point le fils d'Hermès et de Vénus. Il est malheureusement difficile de faire abstrac-

[1] Villa Albani, galerie Torlonia. La galerie Buoncompagni, qui occupait la villa Ludovisi, a été achetée par le gouvernement italien, à peu près en même temps que la villa Borghèse et ses tableaux fameux. Les marbres Buoncompagni ont été transportés au Musée national des Thermes de Dioclétien, dont ils occupent le rez-de-chaussée. La collection d'antiques que M. le baron Barracco a formée dans son appartement du Corso et qu'il destine à sa ville natale de Cotrone, en Calabre, comprend des originaux du plus grand prix, qui n'ont point été retrouvés à Rome, mais, pour la plupart, acquis en Égypte et en Grèce.

tion des erreurs du marbrier moderne, pour se replacer en face de l'original mutilé.

D'autre part, en étudiant la plupart des statues exposées, il faut se souvenir qu'elles ne sont pas romaines. Imaginez que le Musée de peinture du Louvre rentre sous terre, et non point seulement le Musée que vous connaissez, mais le Louvre de Napoléon, plein de chefs-d'œuvre qui étaient les trophées d'une irrésistible conquête. Le jour où les tableaux

Fig. 15. — La Courtisane.
Bras d'un trône de marbre (Musée
des Thermes).

Fig. 16. — Le sacrifice au foyer domestique.
Bras d'un trône de marbre (Musée
des Thermes).

sortiraient de l'ombre, un à un, et où la collection serait reformée, avec beaucoup de vides, l'école française tiendrait peu de place à côté de l'école italienne ou de l'école flamande. C'est ainsi que Rome, avec les musées d'antiques tirés de son propre sol, est un vaste musée d'art grec.

Les œuvres de l'art grec archaïque n'avaient pas été dédaignées par les vainqueurs qui avaient conquis le trésor des successeurs d'Alexandre et pillé la Grèce au temps où la sévérité de l'art ancien était remplacée à Athènes, comme à Alexandrie, par une coquetterie profane et un réalisme pittoresque. Auguste fit venir de Grèce, pour servir d'acrotères au fronton du temple d'Apollon sur le Palatin, de vieilles statues du VIe ou du VIIe siècle. Rome possède encore quelques sculptures anciennes apportées de Grèce et qui sont antérieures aux guerres médiques, comme la Louve du Capitole. Deux bas-reliefs funéraires de la villa Albani montrent des femmes vêtues de l'ancien costume ionien d'étoffe fine et plissée qui était encore à la mode à Athènes sous la tyrannie de Pisistrate. L'une de ces femmes est assise et seule ; un lièvre apprivoisé est couché sous son siège. L'autre est une mère : assise, elle joue avec sa fillette, que lui apporte une servante (fig. 12). Une autre jeune grecque, représentée sur une stèle du VIe siècle qui se trouve au Musée des Conservateurs, est vêtue, à la mode dorienne, d'une tunique épaisse et droite, sur laquelle tombe le châle de laine ou *péplos*. Une tête colossale en marbre de l'ancienne galerie Buoncompagni (Musée des Thermes), a fait partie d'une statue de déesse dont le corps était sans doute en bois revêtu de métal. Sous les épaisses frisures qui chargent le front, la déesse, peut-être une Aphrodite, a le regard fixe et le sourire vague des statues d'Égine (fig. 13). Une Amazone à genoux comme un archer et mutilée de la tête et des bras apparaît dans un coin du Musée des Conservateurs comme une statue

Fig. 17. — Le Tireur d'épine. Bronze grec du ve siècle avant Jésus-Christ (Musée des Conservateurs).

tombée d'un fronton dorique. Dans une salle de la villa Albani, une femme debout, dont la main brisée tenait une fleur, est une sœur exilée des vierges de l'Acropole, retrouvées sous les débris de l'incendie de Xerxès. Une Athéna décapitée du Musée des Thermes fait penser à la déesse qui présidait aux combats sur l'un des frontons du temple d'Égine ; mais dans la statue de Rome le corps est moins rigide sous la draperie sévère.

Deux œuvres d'une grâce nerveuse représentent à Rome l'art grec affranchi de toute raideur primitive et capable de ployer un corps souple et rond de femme et d'enfant.

Un trône de marbre en trois morceaux, découvert en 1887 dans le jardin Ludovisi, a été transporté dans la villa des Buoncompagni : il est aujourd'hui au Musée des Thermes (rez-de-chaussée). Sur le dossier du trône est représentée la naissance d'Aphrodite ; la déesse est sortie à mi-corps de l'eau marine qui colle sa fine tunique à son torse de vierge ; les Heures personnifiées se penchent pour l'envelopper d'un péplos. Sur les deux bras du siège, deux femmes assises sur des coussins figurent l'amour sanctifié par le mariage et l'amour libre, la Vénus pudique et la Vénus des carrefours : d'un côté une jeune femme étroitement enveloppée de son manteau jette des grains d'encens sur la lampe domestique ; de l'autre une courtisane toute nue, les cheveux serrés dans un bandeau, joue de la flûte pour la déesse (fig. 14-16).

Fig. 18. — Hermès, Eurydice et Orphée.
Bas-relief grec du Vᵉ siècle avant Jésus-Christ
(Villa Albani).

Le *Tireur d'épine (Spinario)* qui se trouve au Musée des Conservateurs, dans la même salle que la Louve archaïque, est l'un des bronzes grecs les plus charmants et les plus précieux (fig. 17). La tête ressemble encore à celles des héros qui combattaient sur les frontons d'Olympie ; cette statue du Vᵉ siècle a été sans doute offerte en *ex-voto* par un enfant vainqueur à la course. Dans sa pose prise sur le vif, le jeune athlète, fils d'un vainqueur de Marathon, a une élégance qu'un maître moderne tel que Falguière n'a pas dépassée, en modelant pour le bronze son « Vainqueur au combat de coqs ».

Les Romains n'ont pas touché aux frises et aux statues monumentales des temples élevés à Athènes sous le gouvernement de Périclès : on chercherait en vain dans les musées de Rome l'équivalent des sculptures qu'un amiral anglais, plus audacieux que les proconsuls, a transportées au British Museum.

Cependant quelques amateurs anciens avaient admiré la beauté simple et calme des bas-reliefs consacrés par les Athéniens du Vᵉ et du IVᵉ siècle à la mémoire de leurs morts. Ils en ont fait venir à Rome, et quelques-uns ont passé dans les musées modernes. Le plus grand et le plus noble de ces marbres funéraires se trouve à la villa Albani : c'est un cavalier qui, après avoir sauté à bas de son cheval cabré, porte le coup mortel à un adversaire. Ce combattant, tombé peut-être dans la guerre du Péloponèse, est aussi beau que Dexileos, le cavalier athénien dont la stèle est encore debout au Céramique.

Non loin de cette stèle, un autre bas-relief attique en marbre pentélique représente Orphée et Eurydice, au moment où un regard imprudent du poète va lui ravir une seconde fois la compagne qu'il a tirée des Enfers : Hermès a déjà mis la main sur le bras d'Eurydice pour la ramener vers les ombres (fig. 18)[1]. L'épisode pathétique est mis en scène avec la plus pure sobriété d'attitudes : à peine

Fig. 19. — Jeune laconienne courant (Musée du Vatican).

[1] Une variante de ce bas-relief se trouve au Musée de Naples. Le marbre de Rome paraît être l'original.

un geste : aucune expression ne trouble la sérénité divine des visages.
Deux autres bas-reliefs à sujets mythologiques, qui formaient sans doute
avec celui-ci la décoration d'une base, sont conservés l'un au Latran,
l'autre dans la galerie du prince Torlonia, aujourd'hui fermée. Cette base
a pu faire partie d'un *ex-voto* consacré à Athènes par un poète tragique
dont une trilogie avait été couronnée : ses sculptures participent de l'art
de Phidias et de l'art de Sophocle.

Fig. 20. — L' « Apollon du Tibre »
(Musée des Thermes).

De telles œuvres méritent d'être désignées, dans la foule des antiques de Rome, à une pieuse admiration. Elles sont rares, et, en vérité, pour qu'elles fussent appréciées à leur valeur, il fallait que les fouilles du dernier siècle eussent rassemblé autour des monuments d'Athènes les œuvres enfouies dans le sol de la Grèce.

Rome avait possédé, dès le temps de la République, des œuvres originales et authentiques des grands maîtres grecs du Ve et du IVe siècle, telles que l'Héraklès assis de Lysippe, qui figura dans le triomphe de Fabius, après le sac de Tarente. La plupart de ces statues fameuses ont été envoyées sans doute à Constantinople ; aucune de celles qui sont énumérées par Pline ne s'est retrouvée. Mais les riches Romains avaient fait copier les originaux des
maîtres grecs qui appartenaient à l'État ou ceux qui étaient restés en
Grèce et en Orient. Ces copies décoraient les appartements, les jardins,
les portiques, comme les copies d'antiques qui furent exécutées à la
Renaissance. Elles jouaient à peu près, pour le goût public, le rôle des
réductions en bronze qui sont à la mode aujourd'hui. Beaucoup de statues
célèbres furent reproduites en statuettes de bronze. Mais il arriva inverse-
ment que les originaux attiques ou péloponésiens, qui pour la plupart
étaient des statues de bronze, furent copiés en marbre. En effet, à partir
du règne d'Auguste, l'exploitation des carrières de Luna, qui sont celles
de Carrare, mit le marbre à un prix modique. Une quantité d'artistes
grecs, venus à Rome avec les grammairiens, les médecins, tous les
« Graeculi » capables de vivre de leur talent aux dépens des vainqueurs,

tinrent boutique de praticiens, — comme les Italiens d'aujourd'hui font
profession de marbriers et de mouleurs.

Sans les copies en marbre destinées aux temples, aux palais et aux

thermes de Rome ou aux villas des
riches et des souverains, presque
toutes les œuvres maîtresses de l'antiquité ne seraient connues que par une
mention dans le Guide de Pausanias
ou dans l'Histoire naturelle de Pline.
Aujourd'hui, en parcourant les musées
de Rome, il est facile de se rendre
compte du développement de l'art grec
depuis le milieu du Ve siècle avant
Jésus-Christ jusqu'au commencement
du IIIe et de retrouver, à travers les
copies, les caractères des grandes
époques et la personnalité des grands
maîtres de la sculpture antique.

Après les guerres médiques qui
donnèrent aux Grecs la conscience
de leur force intelligente, les sculpteurs célèbrent le corps humain modelé et assoupli par la gymnastique.
Leurs statues les plus nobles, celles
qui resteront pendant plusieurs siècles
des types de beauté, des « canons »,
suivant l'expression grecque, sont des
portraits d'athlètes et de vainqueurs
aux grands jeux nationaux. Les traits
n'ont pas d'expression, pas même de
caractère individuel : l'artiste fait le
portrait d'un corps, non d'un visage.
Un conducteur de char, nu comme
un coureur, monte sur son char (Palais
des Conservateurs) : il a été vainqueur quelques années après l'aurige,

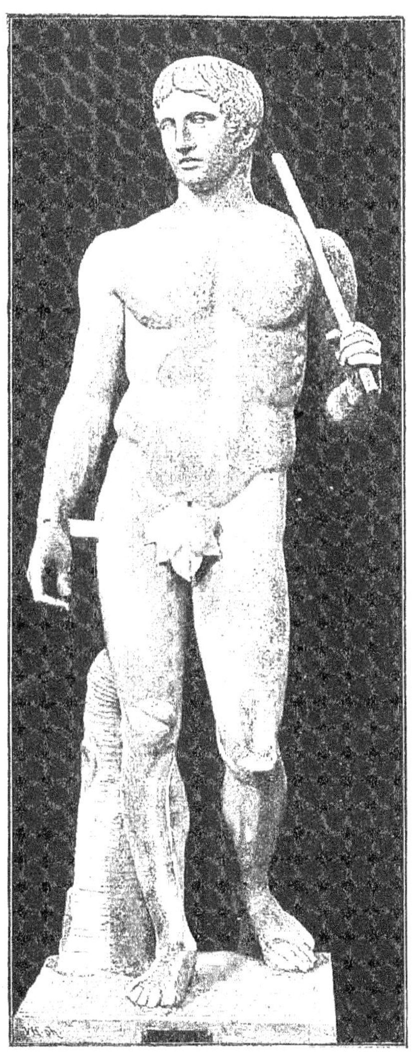

Fig. 21. — Copie du Doryphore de Polyclète
(Musée du Vatican).

droit dans sa longue tunique, dont la statue de bronze a été la trouvaille la plus mémorable des fouilles de Delphes. Au Vatican, dans la
galerie des Candélabres, une jeune fille laconienne, svelte comme un

éphèbe, le buste vêtu d'une tunique très courte, serrée par une ceinture
de gymnaste, et qui laisse à nu les jambes nerveuses, attend le signal du
départ : elle va courir à Sparte, ou peut-être à Olympie, dans la fête
célébrée en l'honneur d'Héra (fig. 19). L'Apollon en marbre grec qui a
été retrouvé dans le Tibre et qui reproduit un chef-d'œuvre grec de la
première moitié du V" siècle, a le torse cambré et musculeux d'un jeune athlète (fig. 20).

Polyclète, qui travaille dans le Péloponèse, crée deux types fraternels qui représentent la beauté accomplie du jeune homme et de la vierge, exercée aux mâles vertus de la race dorienne. Le « Doryphore » du Vatican (Braccio Nuovo (fig. 21), a couru la course armée ; il s'arrête, la lance sur l'épaule ; sa sœur, l'Amazone, a le même corps nerveux et le même torse carré ; si elle montre une faiblesse de femme, en s'appuyant sur une stèle, si le bras droit (mal restauré) soutenait la tête languissante, c'est que la guerrière porte, au-dessous du sein droit, une blessure d'épée reçue au combat. Myron, un Béotien, est plus hardi : il ne se contente pas d'exprimer la force dans le

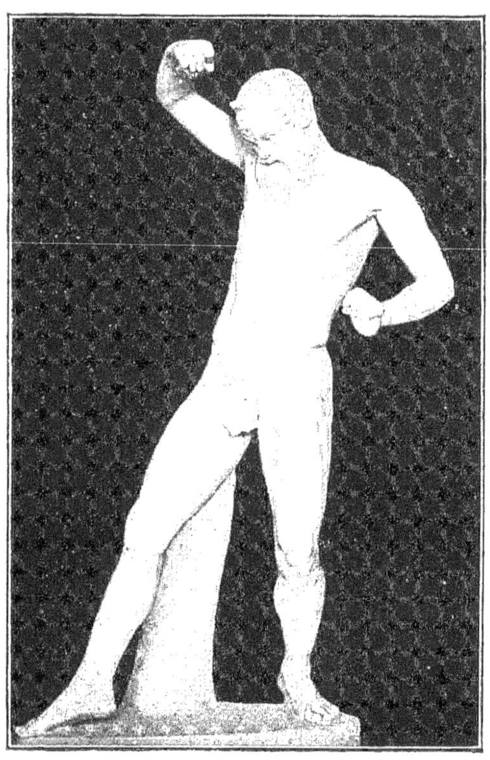

Fig. 22. — Marsyas gambadant. d'après Myron
(Musée du Latran).

repos ; il fixe, dans une attitude instable, le mouvement rapide d'un
danseur ou d'un athlète. Le satyre Marsyas a vu la déesse Athéna jeter
les deux flûtes dont elle avait tiré quelques sons, dépitée de s'apercevoir
qu'en gonflant ses joues elle altérait l'harmonie de ses traits augustes ;
l'homme sauvage, à la face écrasée, à la queue de bouc, gambade en
regardant l'instrument de musique tombé devant lui. Un groupe de
Myron représentait cet épisode de l'histoire d'Athéna sur l'Acropole
d'Athènes : la statue isolée du Marsyas, copiée en marbre, a été retrouvée
sur l'Esquilin, parmi les débris d'un atelier de sculpteur grec ; elle se

trouve dans la septième salle du Musée du Latran (fig. 22). Myron avait donné la mesure de son habileté et de son audace en représentant un athlète ramassé sur lui-même, tous les muscles tendus pour lancer le

Fig. 23. — Némésis ou Junon. Copie d'une statue grecque du vᵉ siècle avant Jésus-Christ
(Musée du Vatican).

disque pesant qu'il a ramené en arrière. Ce « Discobole » fameux est connu par plusieurs copies, dont l'une est au Vatican ; celle qui donne le mieux l'idée de l'âpre vigueur de l'original se trouve à Rome, au palais Lancellotti, dans l'appartement privé du prince : elle a été découverte, avant le Marsyas, sur l'Esquilin. Tous les originaux de Polyclète et de Myron étaient fondus en bronze par un procédé analogue à la cire perdue.

Pour reproduire, dans une matière pesante et cassante, une statue telle
que le Discobole, qui reposait sur un seul pied, il a fallu l'étayer en

Fig. 24. — L'Apollon Sauroctone, d'après Praxitèle (Musée du Vatican).

laissant contre les jambes un véritable rocher de marbre; cet expédient
a singulièrement alourdi la silhouette du chef-d'œuvre. Si l'on veut juger
des originaux grecs, il faut d'abord faire abstraction des troncs d'arbre et
autres soutiens qui ont été ajoutés aux copies de l'époque romaine.

　　Après l'âge des Athlètes, l'âge des Dieux s'ouvre avec l'œuvre de

Phidias et des sculpteurs du Parthénon. C'est le temps où Athènes achève
la beauté des types divins qu'adorera le monde ancien. Cette époque de
noblesse et de raison parfaites est représentée à Rome par quelques originaux, tels que la stèle du cavalier, à la villa Albani, et par un faible
nombre de copies. Deux ou trois de celles-ci sont des œuvres imposantes par la grandeur des proportions et la sérénité des formes. La
Pallas Ludovisi (Musée des Thermes, rez-de-chaussée), porte la signature
d'un Athénien, appelé Antiochos ou
Métiochos ; elle est l'œuvre qui reproduit avec le plus de majesté,
sinon d'exactitude, la statue colossale d'ivoire et d'or exécutée par
Phidias pour la *cella* du Parthénon.
La déesse colossale de la rotonde du
Vatican a la même gravité du visage,
le même vêtement tombant à plis
droits et cannelé comme une colonne.
Elle reproduit peut-être une statue
de Némésis, symbole de la justice
vengeresse des dieux, qui se trouvait
à Rhamnonte, en Attique, et qui
avait pour auteur un élève de Phidias
(fig. 23) [1]. La Pénélope assise du
Vatican a l'attitude simple et la
draperie solennelle des déesses qui,
sur la frise du Parthénon, assistent

Fig. 23. — Méléagre, d'après Scopas
(Jardin de la villa Médicis).

à la procession des Panathénées. La sécheresse énergique d'un original
en bronze est aisée à reconnaître dans le travail sévère de ce marbre.

Dès la fin du Ve siècle, après les désastres qu'a subis Athènes, après
les coups que les philosophes, pour lesquels va payer Socrate, ont portés
à la religion de la cité, la ville de Périclès devient une ville d'élégance et
de plaisir. La sculpture suit la mode : elle s'amollit et se féminise. La
charmante Diane chasseresse qui s'avance, court vêtue, dans le Braccio
nuovo du Vatican, non loin de l'amazone de Polyclète, a, dans sa chevelure bouclée, dans son allure légère, une coquetterie que ne connaissait pas la vierge dorienne. La déesse Héra, debout dans la rotonde,
près de la statue qui passe pour la Némésis d'Alcamène, n'a plus le

<hr>

[1] Heibig voit dans cette statue une réplique de la Junon d'Alcamène, consacrée vers
l'an 400 avant Jésus-Christ dans un temple voisin d'Athènes.

buste enveloppé dans les plis larges de la tunique de laine : son vêtement fin et transparent découvre une partie du sein. Avec Praxitèle
l'art attique perd son énergie mâle et chaste. Le sculpteur qui mena la
vie des élégants d'Athènes ne fait plus de statues d'athlètes ou de guer-
riers; il n'a plus le respect des dieux. Son Apollon Sauroctone, dont une copie délicate a été trouvée sur le Palatin (Vatican, galerie des Statues) n'est qu'un adolescent qui joue à piquer de sa flèche un lézard qui grimpe à un arbre (fig. 24). Le groupe d'Hermès portant sur son bras Dionysos enfant qui a été trouvé à Olympie et qui est l'un des très rares originaux de maîtres conservés en Grèce, se trouve reproduit avec des variantes dans plusieurs groupes du Musée du Vatican : Silène avec le petit Dionysos, Héraklès avec son fils Télèphe. Praxitèle, pour lequel les dieux mêmes sont des adolescents qui jouent noncha-lamment avec un animal ou avec un enfant, se plaît à représenter les êtres qui, demi-dieux et demi-bêtes, vivent voluptueusement sans la contrainte d'une morale hu-maine : il endort le satyre au repos dans une rêverie langoureuse (Ca-pitole, salle du Gladiateur). L'ar-

Fig. 26. — Arès Ludovisi, d'après Scopas
(Musée des Thermes).

tiste qui eut Phryné pour modèle et pour maîtresse est le premier qui
ait vu Vénus, non point comme une déesse drapée, mais comme une
baigneuse qui, avant d'entrer dans l'eau, dépose ses vêtements sur le
vase aux parfums. La Vénus de Cnide inspira de folles amours; elle fut
popularisée par de nombreuses imitations. Une copie exacte et froide
est au Musée du Vatican, où un pape a emprisonné la nudité rayon-
nante de la déesse dans une affreuse draperie de zinc. Une autre, moins
exacte et voluptueusement caressée par un artiste grec, est l'une des

merveilles du musée du Capitole. Les proportions des statues de Praxitèle, comparées à celles des statues de Polyclète et de Phidias, sont allongées et amincies; l'attitude est infléchie par un « hanchement » si marqué que, le plus souvent, la statue ne pourrait se tenir debout si

Fig. 27. — Apollon citharède, d'après Scopas (Musée du Vatican).

elle ne s'appuyait à un tronc ou à une stèle; le modelé est arrondi et fondu; le regard se voile d'une douce mélancolie.

Scopas de Paros, contemporain de Praxitèle, a moins recherché la grâce des formes que l'expression. Ses dieux et ses héros semblent possédés par les passions qui agitent les personnages d'Euripide. Le chasseur Méléagre est devenu pour Scopas un jeune homme plus mélancolique que l' « Hippolyte couronné » : le regard noyé d'une tête de Méléagre, placée sur une statue d'Apollon, dans le jardin de la villa Médicis, fait songer à l'Hippolyte de Racine (fig. 25). Une statue complète et médiocre du même héros est au Musée du Vatican. Les dieux de Scopas sont des dieux de roman et de théâtre. L'Arès Ludovisi du Musée des Thermes

Fig. 28. — L'Athlète au strigile, d'après Lysippe (Musée du Vatican).

n'est plus un combattant; assis sur un rocher, les yeux pensifs, il tient négligemment, de la main gauche, son épée au fourreau. Le copiste a ajouté sous le pied du dieu un Amour qui semble l'inspirateur de sa rêverie (fig. 26). L'Apollon citharède de Scopas, qui se trouvait à Rhamnonte, près d'Athènes, fut transporté à Rome au temps d'Auguste et placé dans le temple consacré sur le Palatin, en souvenir de la bataille d'Actium. Properce a décrit la statue du dieu qui jouait de la lyre, vêtu de la longue robe des citharèdes. Plusieurs copies de cette statue ont été retrouvées à Rome : Apollon s'avance, d'un pas de théâtre, dans sa robe flottante, la tête levée, le regard inspiré (Vatican). Le dieu des poètes a pris l'allure d'un acteur en scène (fig. 27).

Lysippe, le sculpteur d'Alexandre, était élève de la vieille école péloponésienne : il a fondu en bronze, comme Polyclète, des statues d'athlètes. L'une des plus célèbres était l'homme au strigile, l'*Apoxyomenos*, qui racle avec un instrument de bronze l'huile saupoudrée de sable dont il a enduit son corps de lutteur. Cette statue fut rapportée de Grèce à Rome, en même temps que l'Apollon de Scopas. Agrippa, le gendre d'Auguste, la plaça à l'entrée de ses Thermes du Champ de Mars. Tibère la fit transporter dans son habitation du Palatin: mais le mécontentement public contraignit l'empereur à rendre le chef-d'œuvre. Une excellente copie, trouvée au Transtévère et transportée au Vatican, permet de juger du nouveau

« canon » adopté par Lysippe pour les proportions viriles : depuis le
milieu du v° siècle, les jambes se sont allongées, la tête rapetissée, le
torse réduit (fig. 28). En même temps, les traits ont pris un « caractère »
plus accentué et le regard s'est empli de vague rêverie. Le sculpteur

Fig. 29. — L'Apollon du Belvédère (Musée du Vatican).

a donné une expression attristée à ses portraits d'Alexandre et même
à la tête colossale du conquérant divinisé en dieu solaire (Capitole,
salle du Gladiateur).

Le Vatican possède une curieuse copie du Ganymède enlevé par
l'aigle (galerie des Candélabres), œuvre de Léocharès, qui alla travailler
avec Scopas à un grand monument de sculpture grecque exécuté hors de
Grèce, le mausolée d'Halicarnasse. Quelques critiques de nos jours

croient reconnaître le style théâtral de ce maître dans l'une des œuvres que l'admiration de Winckelmann a rendues le plus célèbres, l'Apollon du Belvédère (fig. 29). En tout cas, l'original de cette statue, dont la meilleure copie d'ensemble est au Vatican, remonte bien au IV⁰ siècle. Le dieu, sans se détourner dans sa marche triomphante, vient de lancer un trait. Il y a quelque grâce apprêtée dans ce corps très jeune, dont les pieds aux belles sandales semblent à peine effleurer le sol; le diadème de cheveux est d'une fantaisie compliquée. Il faut ajouter que le mouvement des mains, tel que l'a imaginé le restaurateur, est apprêté et insignifiant.

Plusieurs des chefs-d'œuvre dont les originaux semblent appartenir au siècle d'Alexandre, ne peuvent être attribués sérieusement à aucun maître. Des sculpteurs, dont plusieurs sans doute travaillaient à Athènes, modifièrent le type des dieux, constitué au temps de Phidias, en animant leurs traits d'expressions plus humaines. La Pallas Giustiniani du Vatican incline vers l'épaule son visage méditatif; le Jupiter d'Otricoli, sous sa crinière puissante, a le front raviné et le regard attristé par les soucis d'une Providence (fig. 30).

Fig. 30. — Jupiter d'Otricoli (Musée du Vatican).

La série des figures idéales s'accompagne, depuis la fin du V⁰ siècle, d'une série de portraits. Le plus ancien est peut-être celui de Périclès, par Crésilas. Un buste du Vatican (salle des Muses) montre le visage calme et beau du grand citoyen et, à travers les œillères de son casque de stratège, le crâne démesurément haut dont rirent les poètes comiques. La prétendue Aspasie, placée à côté de Périclès, est une inconnue, comme la jeune Grecque voilée du Musée des Thermes, dont le visage mélancolique est peut-être le reste d'une statue funéraire (fig. 31). Au IV⁰ siècle, tous les personnages notables de la Grèce ont leur portrait. Le Sophocle du Latran est sans doute une copie de la statue élevée sur la proposition de l'orateur Lycurgue au théâtre même de Dionysos (vers 350). Le poète est très beau et se campe fièrement sous les plis majestueux de son *himation* (fig. 32). Le Ménandre du Vatican, nonchalamment assis et vêtu avec recherche, est le type d'un élégant d'Athènes au temps de Praxitèle : l'expression spirituelle de son visage est pour nous d'une étonnante modernité. La tête d'Épicure (Vatican, salle des Muses) est souffrante et résignée : c'est l'un de ces bustes que les disciples du phi-

Fig. 31. — Jeune Grecque voilée (Musée des Thermes).

losophe, tels que Lucrèce, vénéraient à Rome comme l'image d'un maître et d'un libérateur des esprits. Le plus éloquent des portraits grecs de l'ancienne école est celui de Démosthène au Vatican : c'est une reproduction de la statue du sculpteur Polyeucte que les Athéniens firent élever au défenseur de la patrie quarante ans après sa mort. Le regard est énergique et sombre ; la bouche est celle d'un bègue : elle rappelle le défaut physique vaincu par le grand orateur. L'adversaire de Philippe de Macédoine est debout ; ses mains, que le restaurateur a embarrassées

d'un rouleau, étaient croisées, dans un geste de douloureux abandon. Le
grand vaincu, après les dernières défaites et à la veille de sacrifier sa
propre vie, pleure sur Athènes et sur la Grèce (fig. 33).

A la fin du IVᵉ siècle, les conquêtes du fils de Philippe ont étendu le
monde hellénique jusqu'au Nil et au Gange.
Qu'est-ce que l'Attique, infime province, à
côté des royaumes que les lieutenants d'A-
lexandre se sont taillés dans un Empire
dont l'Empire romain n'atteindra point les
frontières du côté de la Perse et de l'Inde ?
Athènes a perdu, après la puissance et la
liberté, la vie de la pensée et de l'art. Son
héritage passe à des villes neuves, aux villes
géantes d'Asie et d'Égypte. L'art grec n'est
plus attique ; il est « hellénistique ».

Les sculptures de la période hellénistique
sont très nombreuses à Rome. Les œuvres
d'art commandées par des Grecs aux mœurs
orientales ou par des « barbares » hellénisés
étaient mieux faites que les statues athéniennes pour plaire aux étrangers d'Italie.
Il faut ajouter que les royaumes d'Asie et
d'Égypte furent réduits en provinces romaines après la Grèce et que l'art y restait
vivant au temps où Rome était devenue la
première puissance de la Méditerranée.
Aussi les musées de Rome, où Polyclète et
Praxitèle ne sont représentés que par des
copies, possèdent-ils des marbres signés
par des Grecs d'Asie, quelques bronzes de
maîtres inconnus des IIIᵉ et IIᵉ siècles, et
aussi des « copies anciennes » apportées de
Pergame ou d'Alexandrie.

Fig. 32. — Sophocle (Musée
de Latran).

Les deux derniers des souverains de Pergame qui portèrent le nom
d'Attale, avaient vu s'avancer vers l'Asie Mineure la force qui achevait
d'écraser l'indépendance de la Grèce. Ils cédèrent devant les vainqueurs,
comme leur puissant voisin Mithridate Philopator, le père de celui qui devait
être le plus fier adversaire de Rome. Le Sénat prétendit qu'Attale III avait
légué son royaume et ses trésors au peuple romain ; une expédition mili-

taire alla prendre possession de l'héritage. C'est alors sans doute, vers
l'an 130, que furent apportés à Rome des statues de marbre asiatique
qui commémoraient des victoires remportées par les premiers rois de
Pergame sur les peuplades de race
gauloise établies en Asie Mineure.

L'un de ces Gaulois ou Galates est
le célèbre « Gladiateur mourant » du
musée du Capitole, ce sonneur de
trompe dont le flanc droit est percé
d'un coup de lance et qui est tombé
sur son bouclier. L'irrégularité de ses
traits est accentuée par une courte
moustache; les cheveux drus, raidis
par la pommade à la chaux qui devait
les rougir, dressent sur son front cette
crinière hérissée qui, aux yeux des
Grecs, faisait ressembler les Gaulois
à des Satyres et à des Pans. Le corps
est nu, par une convention qui est,
dans les représentations de barbares,
un souvenir des statues d'athlètes;
mais l'artiste, en dépouillant son Galate des braies, lui a laissé au cou son
torques national. Le blessé, appuyé
sur sa main, le front contracté, attend
la mort avec une résignation farouche
(fig. 34). Un groupe qui faisait partie
sans doute du même ensemble que le
« Galate mourant » du Capitole se
trouve au Musée des Thermes (collection Ludovisi). Un Gaulois nu, aux
cheveux hérissés, vient de frapper sa
femme pour la sauver des mains du
vainqueur. La Gauloise, vêtue d'une
longue tunique et d'une sorte de fichu
court, pend inanimée au bras de son époux, pendant que celui-ci, le regard
tourné vers l'ennemi, s'enfonce lui-même son épée dans la gorge (fig. 35
et 36). Le Galate mourant et le Galate qui se tue étaient placés autrefois sur des socles séparés, au milieu d'une série de statues analogues.

Fig. 33. — Démosthène (Musée
du Vatican).

L'ensemble représentait une bataille, ou plutôt un champ de bataille. Les bas-reliefs sur lesquels les artistes d'Athènes et du Péloponèse avaient sculpté des combattants sont remplacés par des statues de mourants. L'artiste cherche à la fois le réalisme et le pathétique. Il étudie avec curiosité ces corps et ces visages de race étrangère, et en même temps il rend hommage à ces vaincus qui savent mourir.

Les statues de Gaulois blessés ou morts jonchaient une esplanade de

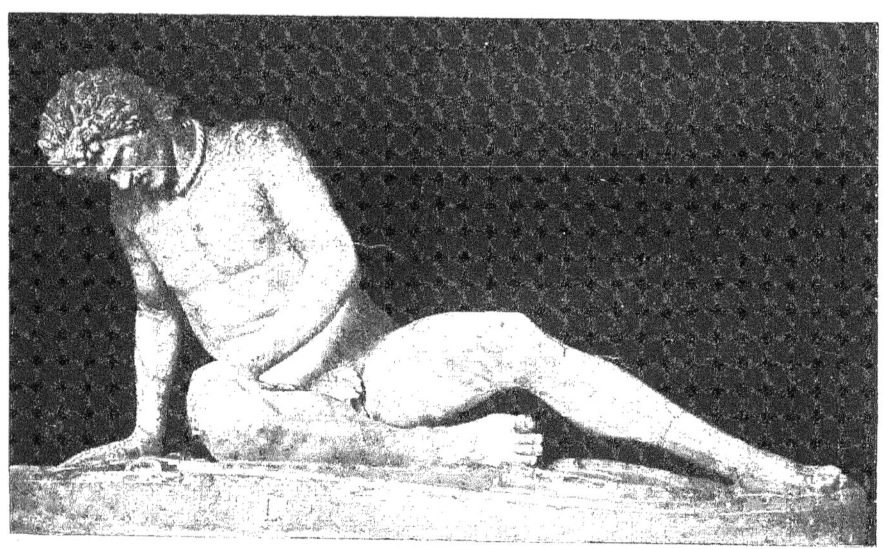

Fig. 34. — Galate mourant (Musée du Capitole).

Pergame. Attale Ier avait offert à Athènes, qui recevait désormais les chefs-d'œuvre de l'art asiatique, des groupes dont l'un représentait la bataille de Marathon. Peut-être la tête du Perse mourant retrouvée sur le Palatin et conservée au Musée des Thermes est-elle une copie de ce groupe historique ; le barbare est coiffé à la manière des cavaliers qui chassent le lion sur les grands sarcophages de Sidon ; ses yeux se ferment, sous les sourcils contractés, et une sorte de sourire amer plisse ses lèvres d'où s'échappe le dernier souffle. Une tête d'Érinnye, reste d'un groupe colossal des trois déesses fatiguées par leur course à la poursuite du crime, dort d'un sommeil traversé par des rêves terribles (Musée des Thermes ; fig. 37). Ce masque aux yeux fermés est émouvant comme un beau vers d'une tragédie perdue.

Les groupes dramatiques, composés le plus souvent de statues séparées sur des socles distincts, furent à la mode dans les villes grecques d'Asie.

L'un des plus fameux est celui des enfants de Niobé, essayant de fuir les
flèches inévitables de Diane et d'Apollon. Toute une série de statues
appartenant à ce cycle ont été trouvées, au XVI° siècle, près des ruines
d'une villa de l'Esquilin ; elles étaient sans doute rangées à cette place

Fig. 35. — Galate se donnant la mort (Musée des Thermes).

même, sur un long piédestal de rochers qui formait le décor du drame,
et qui avait la même réalité solide que les personnages. Dans les statues
transportées à Florence, au musée des Offices, toutes les expressions de
crainte et de souffrance étonnées, rendues plus touchantes par la grâce
adolescente des corps et des visages, font comme un concert plaintif autour
de la grande effigie tragique de la mère de douleur. La plus noble des
statues de ce cycle est peut-être celle qui est restée à Rome, la Niobide
du Vatican, dont la tunique en marbre de Paros se gonfle aussi majes-

tueusement, dans le mouvement de la course, que la draperie de la Victoire de Samothrace (fig. 38). Une statue d'éphèbe nu, qui tombe à genoux,
les bras levés, a été trouvée près de Subiaco, dans les ruines d'une villa
de Néron, doit être rattachée sans doute à un groupe de Niobides. Ce
marbre, conservé au Musée des Thermes, est l'une des études de nu les
plus délicatement modelées qui aient été laissées par un artiste grec
(fig. 39).

Fig. 36. — Tête du Galate du Musée des Thermes.

L'école de Pergame fut continuée par l'école de Rhodes.
Trois artistes originaires de
cette île, Agésandros et ses deux
fils, Polydore et Athénodore,
avaient sculpté, suivant le té-
moignage de Pline, le groupe
fameux qui représente Laocoon
et ses deux fils mourant dans
les replis des serpents envoyés
par Apollon pour punir son
prêtre sacrilège (Vatican). L'é-
poque à laquelle vivaient ces
trois sculpteurs est incertaine.
Le sujet même du groupe, qui
est une vengeance d'Apollon,
rappelle la mort des Niobides. La composition est beaucoup plus savante
que celle des groupes dramatiques formés de statues éparses sur une
esplanade ou dans un parc. Les trois corps sont unis et liés par l'enlacement terrible des serpents. Avant qu'une restauration maladroite eût
élevé le bras droit de Laocoon en l'air, la tête hérissée et hurlante du
vieillard formait le sommet du groupe. Le bras était ployé près de la
tête, et la main touchait une boucle de l'épaisse chevelure : ce mouvement est celui du bras vigoureux qu'un artiste du XVI° siècle — peut-
être Michel Ange — avait sculpté pour la restauration du Laocoon et
qui est déposé devant le groupe, au musée du Vatican. La pondération
harmonieuse des lignes et des masses a pu faire croire que le Laocoon
remontait au temps de Scopas et de Lysippe. Cependant il est admis
aujourd'hui que le groupe exécuté par les trois sculpteurs Rhodiens
est postérieur aux grandes œuvres pergaméniennes: l'enlacement des
corps humains et des énormes reptiles fait penser au bas-relief gigantesque de l'autel élevé sur l'Acropole de Pergame, à ce combat de géants

et de serpents contre les dieux dont les fragments superbes ont été transportés au musée de Berlin. L'art des sculpteurs de Rhodes procède de
l'art de Pergame ; il est aussi savant et aussi violent ; il est plus réaliste
et plus « matériel ». Aucun sentiment héroïque ne transfigure Laocoon

Fig. 57. — Erinnye endormie (Musée des Thermes).

et ses fils dans les dernières angoisses. La science la plus minutieuse de
l'anatomie humaine n'est employée que pour exprimer dans les muscles
tordus et sur les visages convulsés une douleur toute physique (fig. 40).

Le pugiliste en bronze du Musée des Thermes (premier étage), est
sorti sans doute d'un atelier asiatique du IIIe ou du IIe siècle. Devant ce
bronze, qui sera pour beaucoup de visiteurs la surprise la plus violente
offerte par le nouveau musée voisin de la gare, il faut se souvenir des
anciennes statues d'Athlètes, dont les copies en marbre sont au musée
du Vatican : le Discobole de Myron, l'*Apoxyomenos* de Lysippe. Ceux-

là étaient des citoyens au visage fier, qui se préparaient par les jeux de force à la défense de la patrie et qui luttaient pour la gloire. Celui-ci est un « professionnel » abruti et déformé par les coups d'un ceste aux lanières garnies de métal, pareil à celui dont ses deux poings sont armés.

Fig. 38. — Niobide (Musée du Vatican).

L'artiste a représenté cet hercule de jeux publics, non pas dans le repos de la victoire, mais dans une pause, entre deux reprises du combat (fig. 41). L'homme est assis, la poitrine affaissée, le dos rond, le torse lourd; son nez écrasé par les coups est plein de sang : la bouche ouverte pour respirer achève de donner au masque un air d'hébétement. Le métal du ceste a entaillé les bras; le sang perle aux oreilles, qui ne sont plus qu'une masse de chair bouffie. En copiant toutes les déformations d'un modèle aussi vulgaire, l'artiste, qui certainement était un Grec, a donné à son œuvre une intensité de vie saisissante. Quand le boxeur de bronze fut retrouvé, en 1884, dans les fondations creusées le long de la Via Nazionale pour le Théâtre Dramatique, les ouvriers reculèrent devant cette brute qui, la tête levée, semblait les regarder de ses yeux troubles, au sortir de son long sommeil.

Il est permis de rattacher aux écoles grecques d'Asie quelques portraits accentués avec une verve brutale. Tel est ce vieillard à la barbe mal plantée, aux cheveux rabattus en désordre, qui a été pris sans raison pour un Sénèque (fig. 42). L'œuvre était célèbre : elle est reproduite par des copies antiques dans plusieurs musées. Est-ce une étude d'après un paysan ou un pêcheur? Est-ce le portrait d'un écrivain ou d'un philosophe à la mine inculte? De toute manière l'original appartient certainement à l'époque hellénistique.

L'art alexandrin n'eut pas, dans la plupart de ses œuvres, la mâle vigueur de l'art asiatique. La grande ville égyptienne fut pendant les

Fig. 39. — Niobide (?), statue trouvée à Subiaco (Musée des Thermes).

trois siècles de sa plus grande prospérité une ville de plaisir, en même temps qu'une ville de science. Les dieux grecs qui supplantèrent les dieux séculaires à tête de pharaon ou d'animal étaient des dieux frivoles. Le dieu qui est partout, c'est Eros; non plus l'éphèbe de Praxitèle, mais l'enfant mutin qui joue tous les rôles et s'amuse de tout. Une grande statue, dont le sujet même indique l'origine alexandrine, le Nil du Vatican, est couverte de petits amours qui grimpent de tous côtés sur le corps nonchalant du dieu barbu. Le nombre de ces enfants n'est pas choisi au hasard ; leur groupe représente, par une allégorie gracieuse et compliquée, les seize coudées que devait atteindre la hauteur des grandes crues dont le limon fécondait au loin l'Égypte (fig. 43).

Dans la riche capitale étrangère l'art grec cesse de prendre au sérieux la religion hellénique ; il s'accommode à la vie élégante et sceptique ; il devient tout profane et « mondain ». Les reliefs et les statues qui n'ornaient autrefois que les temples, les portiques et les tombeaux, servent à la parure des habitations de patriciens et de parvenus. Au milieu des marbres de couleur qui lambrissent les salles de réception s'incrustent des bas-reliefs qui jouent le rôle d'un tableau sur une tenture. Marbres et bronzes se rapetissent pour trouver place dans les appartements ; les artistes créent pour la clientèle riche une statuaire de salon et d'étagère.

La collection qui donne l'idée la plus complète des bas-reliefs dont se composait le décor d'une riche maison alexandrine est celle du palais Spada. Les huit bas-reliefs réunis dans ce palais et qui ont été trouvés près de Sainte-Agnès hors les murs, représentent des scènes mythologiques. Le sculpteur traite les fables héroïques de la Grèce comme pouvait le faire un Callimaque, dans ses élégies savantes et brillantes. Il prend à l'épopée et à la tragédie des épisodes qu'il réduit à une conversation expressive, à une anecdote familière ou tragique, à un simple tableau de genre : Pégase, le coursier de Bellérophon, ne mène point son cavalier au combat ; à côté du héros, il boit paisiblement à une source. Deux grands reliefs du même style, composés dans le même goût, sont conservés au Musée du Capitole, dans la salle des Empereurs : sur l'un le berger Endymion est endormi et son chien le garde ; sur l'autre Persée tend galamment la main à Andromède, qui baisse devant le jeune vainqueur un front rougissant (fig. 44). Ces anecdotes héroïques ont chacune un décor : le sculpteur imite les eaux, les rochers, les « fabriques » du paysage. Alors que la peinture du Ve et du IVe siècle, telle que la font connaître les peintures des vases grecs, était sculpturale et ne prenait intérêt qu'à la forme humaine, la sculpture hellénistique, et en particulier la sculpture alexandrine, replace l'homme dans sa maison ou dans la nature : elle imite la peinture et devient « pittoresque ». Les portraits mêmes sont quelquefois entourés d'un véritable décor : tel est celui de ce poète dramatique qu'un bas-relief du Latran montre assis devant une table et regardant un masque comique (fig. 45). Dans une société de délicats, qui rassasiés de luxe, apprenaient à goûter les charmes simples de la vie rustique, les artistes créent une sculpture de paysage où les premiers plans sont

animés par des bêtes domestiques et par des paysans. Un bas-relief de
la villa Borghèse représente des pêcheurs au bord de la mer et dans une
barque ; des bergers sont hissés sur les rochers : c'est l'illustration

Fig. 40. — Mort de Laocoon et de ses fils; œuvre des Rhodiens Agésandros,
Polydore et Athénodore (Musée du Vatican).

sculptée d'une idylle. L'art s'amuse à imiter les plus menues et les plus
frêles créations de la nature : le nid d'oiseaux du musée du Vatican est
un jouet de marbre qui a la finesse d'un ivoire japonais.

Théocrite n'écoutait pas seulement les chansons des chevriers, dans
les paysages lumineux de la Sicile : il notait les commérages de deux

bourgeoises de Syracuse. Comme les poètes, les sculpteurs se mettent à étudier les types populaires de la ville et de la campagne. A côté de la sculpture idyllique se place une sculpture de caractère qui touche à la caricature. Deux chefs-d'œuvre de ce réalisme spirituel, qui paraît être alexandrin, sont le vieux pêcheur du Vatican (galerie des Candélabres) et la vieille femme ivre du Musée du Capitole. Cette vieille qui embrasse son amphore en dodelinant sa tête ridée d'un air si béat, a été chansonnée dans plus d'une épigramme de l'Anthologie. Les œuvres d'art alexandrines font toujours penser à quelques vers d'un poète. Dans la dernière période de l'art grec, tous les arts, sculpture, peinture, littérature se trouvent confondus.

L'Alexandrinisme fut à la mode dans la société polie de Rome sous les deux formes inséparables de la littérature et de l'art. Dans le dernier siècle de la République, un groupe de poètes de salon, au-dessus desquels s'élève

Fig. 41. — Boxeur pendant une pause. Bronze grec d'Asie (Musée des Thermes).

Catulle, composent des épopées et des élégies où l'amour se fait érudit comme un bibliothécaire. Au temps d'Auguste, Ovide et Properce sont encore des Alexandrins. Quant à l'art à la fois coquet et réaliste d'Alexandrie, il fut représenté à Rome, non seulement par des œuvres importées et par des copies, mais par des ouvrages exécutés sur place. Les artistes grecs durent affluer à Rome, après que César eût conquis le royaume de Cléopâtre. En 1878 les ruines d'une maison du temps d'Auguste furent retrouvées dans le jardin de la Farnésine. Une bonne

partie des stucs qui décoraient les voûtes écroulées purent être recueillis
et assemblés au Musée des Thermes. Ces stucs qui ont fait corps avec
une maison romaine ont été certainement modelés par un artiste alexan-

Fig. 42. — Portrait de l'époque hellénistique, connu sous le nom de Sénèque
(Musée des Thermes).

drin. Chacun des compartiments est un tableau dont les divers plans
sont indiqués par des gradations de reliefs aussi délicates que le travail
du *stiacciato* dans les sculptures florentines du XVᵉ siècle. Ces tableaux
sont des paysages animés ou des figurines de Victoires et d'Amours.
L'accent vif et spirituel de la touche, la légèreté aérienne des arbres et
des pavillons, les détails exotiques de la végétation et de l'architecture
font penser aux chinoiseries de la Régence (fig. 46). Dans le musée qui est
le plus récent des musées de Rome et le plus riche peut-être en chefs-

d'œuvre inattendus, le Boxeur de bronze et les stucs de la Farnésine
résument à merveille les caractères des deux écoles d'art grec qui ont eu
la vogue à Rome entre la fin des guerres puniques et l'ère impériale :
le robuste réalisme de l'art gréco-asiatique et la grâce légère de l'art
alexandrin. Cet art grec d'Asie et d'Egypte a eu quelques-unes des
audaces de l'art romantique et réaliste de notre XIXᵉ siècle, avec la grâce
coquette du XVIIIᵉ.

Fig. 43. — Le Nil (Musée du Vatican).

Au temps où l'art alexandrin était en pleine faveur à Rome, c'est-à-
dire dans le dernier siècle de la République, une réaction ramena le goût
des amateurs romains vers les modèles grecs de l'époque classique et
même au delà, vers les statues raides et souriantes des « primitifs » de
la Grèce. A Athènes même, une école d'artistes érudits s'était mise à
reproduire, au second siècle avant l'ère chrétienne, les statues du IVᵉ et
du Vᵉ siècle. Après la prise de la ville par Sylla, en l'an 86 avant J.-C.,
des artistes de cette école émigrèrent à Rome et créèrent, dans le monde
des amateurs, une nouvelle mode. Dans la sculpture, comme dans l'éloquence du Forum, les *attiques* s'opposèrent aux *asiatiques*.

Alors commencèrent à se multiplier les copies qui ont été citées plus
haut, à la date des originaux célèbres qu'elles reproduisaient. En même
temps des artistes dont le talent s'élevait au-dessus du travail servile
d'un marbrier, exécutaient dans le style ancien des œuvres qui n'étaient

pas des copies. Le *Torse* du Belvédère, au Vatican, était un Hercule assis, buvant ou jouant de la cithare, que l'Athénien Apollonios, fils de Nestor, a sculpté en s'inspirant des statues athlétiques d'un Lysippe (fig. 47). L'auteur de ce chef-d'œuvre, voué à l'admiration des siècles par l'admi-

Fig. 41. — Persée et Andromède. Bas-relief alexandrin (Palais Spada).

ration de Michel-Ange, n'est autre, sans doute, que l'Apollonios qui exécuta pour le temple de Jupiter Capitolin rebâti par Sylla une statue du dieu en ivoire et en or, pareille au Jupiter olympien de Phidias. Une caryatide imitée des jeunes filles de l'Erechtéion d'Athènes se trouve au musée du Vatican (Braccio nuovo). Quatre autres caryatides du même style sont placées derrière le portique de la villa Albani. Il est possible que quelques-unes de ces statues, qui sont d'exécution médiocre, aient fait partie des caryatides que l'Athénien Diogène sculpta pour le Panthéon d'Agrippa. Une caryatide placée dans la villa Albani, à quelques pas des quatre caryatides déjà citées, porte sur sa tête une corbeille ronde derrière laquelle est gravée la signature des deux Athéniens Criton et Nicolaos : c'est une œuvre de l'époque impériale, imitée des statues contemporaines de Périclès.

A côté de l'école néo-attique, une autre école grecque est fondée à Rome, peu d'années avant le triomphe de César, par le sculpteur Pasi-

Fig. 45. — Un Poète comique et sa Muse. Bas-relief alexandrin (Musée du Latran).

télès, originaire de l'Italie méridionale. Cet artiste, qui reçut le titre de citoyen romain, fut célébré par un autre Grec naturalisé à Rome, le poète Archias, que devait défendre Cicéron. Pasitélès, comme Apollonios d'Athènes, avait ciselé un Jupiter d'ivoire et d'or. Aucune de ses œuvres ne s'est conservée; le style de ce maître n'est connu que par celui de ses élèves. L'un d'eux, Stéphanos, a signé une statue d'éphèbe debout, qui se trouve à la villa Albani. Il n'imite plus Phidias et les chefs-d'œuvre d'Athènes, mais des œuvres plus rudes et plus mâles, celles des sculpteurs péloponésiens, précurseurs de Polyclète. Cependant tout en donnant à son éphèbe la carrure des guerriers qui combattent sur les frontons d'Olympie, il adoucit et arrondit le modelé, comme ferait un Alexandrin. Stéphanos, à son tour, eut un élève, Ménélaos, qui est l'auteur d'un groupe conservé au Musée des Thermes (rez-de-chaussée, ancienne collection Ludovisi). Un adolescent converse avec une jeune femme qui le regarde dans les yeux gravement et maternellement. Est-ce Oreste et Électre? A coup sûr ce jeune homme nu, drapé d'un manteau jeté en écharpe comme le large pli transversal de la toge romaine, et cette grande sœur à la tête bouclée ont l'attitude simple des

Fig. 46. — Paysage de fantaisie. Stuc provenant d'une villa retrouvée
dans le jardin de la Farnésine (Musée des Thermes).

statues et des groupes funéraires d'Athènes au IVe siècle, avec la douce mélancolie des héros de Praxitèle (fig. 48).

Il est permis de rattacher à l'atelier de Stéphanos et de Ménélaos une statue d'une jeune femme nue, découverte en 1874 et exposée au musée des Conservateurs. Les Guides l'appellent la Vénus de l'Esquilin, mais elle n'est point déesse. La jeune femme serrait autour de sa chevelure l'ancien bandeau des Grecques ; son geste assez raide fait penser à une célèbre statue d'homme du Ve siècle, le Diadumène de Polyclète. Mais le sculpteur a fait poser, dans l'attitude d'une statue ancienne, un modèle dont il a détaillé avec amour, surtout de dos, le corps jeune et dodu.

D'autres sculpteurs, dont quelques-uns travaillaient certainement

à l'époque impériale, ont essayé de reproduire les tuniques aux plis parallèles et les visages au sourire figé des vieux maîtres d'Olympie et
d'Égine. Mais, comme devaient faire, dans une tentative toute semblable,
les préraphaélites anglais, ces sculpteurs « préphidiesques » de Rome
n'ont pu se dégager des modes de leur temps. Ils ont été à la fois
archaïques et alexandrins. Un vrai décor, analogue à ceux qui sont

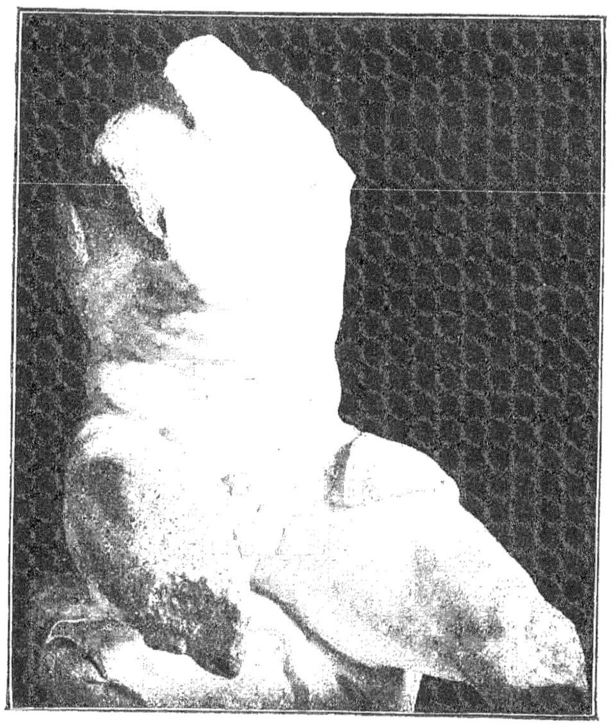

Fig. 47. — Le Torse du Belvédère, œuvre de l'Athénien Apollonios (Musée du Vatican).

modelés sur les stucs de la Farnésine, sert de fond au bas-relief de la
villa Albani sur lequel Apollon et Diane, tous deux en longues
tuniques droites, s'avancent vers une Victoire qui verse la libation d'un
bras coquettement arrondi.

Les peintures grecques n'avaient pas été moins recherchées que les
sculptures par les généraux qui chargeaient de chefs-d'œuvre les chariots
de leur triomphe et par les collectionneurs de Rome. Mais, tandis que le
marbre et le bronze ont résisté au temps, les panneaux de bois sur
lesquels étaient peints les tableaux célèbres conservés dans les temples
et les galeries particulières ont péri dans les incendies ou ont été rongés

par les vers. L'histoire de la peinture grecque au VI⁰ et au V⁰ siècle ne peut être suivie que sur les vases peints, qui donnent quelque idée des fresques d'un Polygnote, comme une gravure au trait donne la silhouette d'une composition de Raphaël. Une collection très importante de vases de provenance grecque ou de style grec, trouvés en Étrurie ou dans l'Italie méridionale, est exposée au Vatican, dans le *Museo Gregoriano*.

Les peintures murales qui décoraient les maisons romaines n'ont pas été conservées comme les fresques de Pompéi et de Boscoreale par un ensevelissement qui préparait une résurrection. La plupart d'entre elles sont tombées avec les murs qu'elles décoraient. Une seule maison antique est encore debout à Rome, celle qui a été retrouvée sur le Palatin en 1869. Le vieux Tiberius Claudius Nero y habita avec sa femme, avant que le divorce eût fait de Livie la femme d'Auguste et la première impératrice. Cette maison, où naquit Tibère, qui devait se faire bâtir près de là un palais gigantesque, n'est qu'une élégante maison bourgeoise, toute pareille à celles de Pompéi. Le *tablinum* ou salon de réception, qui s'ouvre au fond de l'atrium, a conservé une décoration peinte dont les tons pâlissent de jour en jour. Le fond du décor est

Fig. 48. — Oreste et Électre (?), œuvre du sculpteur Ménélaos (Musée des Thermes).

comme un portique d'architectures légères et vivement colorées; trois grands panneaux à fond clair, peints entre les colonnettes, représentent des scènes diverses qui semblent vues à travers des baies ménagées dans la paroi (fig. 49). Une femme s'avance dans une rue de Rome, étroite et sombre : c'est un tableau de genre, qu'on dirait copié sur nature (fig. 61). Galatée blanche et menue chevauche un monstre marin qui bat les flots de sa queue noire; Polyphème, le cyclope amoureux, surgit de la mer, derrière un rocher. L'eau du rivage est d'un vert profond : au loin la mer, dominée par des falaises, se perd dans une lumière nacrée. Ce paysage d'idylle alexandrine fait penser à la fois au *Cyclope* de Théocrite et à la poésie panthéiste des tableaux d'Arnold Boecklin (fig. 51). La troisième composition est simple et sévère comme un bas-relief attique. Sur un tertre qui forme à lui seul tout le paysage, la jeune Io est gardée par le vigilant Argo : Mercure s'approche, l'épée à la main, pour enlever la femme aimée par Zeus. Cette fresque de style ancien est sans doute une

Fig. 49. — Salon de réception (*Tablinum*) de la maison de Livie, sur le Palatin.

réplique d'un célèbre tableau de Nicias d'Athènes, un peintre contemporain d'Alexandre. Les trois grandes peintures de la maison de Livie, exécutées par un même artiste, ont leurs modèles dans trois périodes différentes de l'art, à Rome, à Alexandrie, à Athènes. Elles sont rapprochées dans un salon, comme des tableaux de maîtres différents dans la galerie d'un patricien éclectique. De même sur les lambris de la maison de la Farnésine, dont les fresques, comme les stucs, ont été transportées au Musée des Thermes, quelques figurines dessinées d'un trait se détachent sur un fond blanc, comme sur l'argile d'un lécythe funéraire d'Athènes ; les compositions voisines, modelées et comme gouachées, sont tout alexandrines.

Les autres peintures antiques qui ont pu être exhumées des ruines de Rome se trouvent réunies dans une salle de la bibliothèque du Vatican. La plus célèbre de ces peintures, la première qui ait été connue et admirée, est celle des Noces Aldobrandines, qui appartenait depuis 1606 à la famille Aldobrandini. Au milieu de la composition, l'épousée est assise sur le lit nuptial, enveloppée d'un long voile ; Vénus est assise à côté d'elle. L'époux, nu et brun comme un athlète, le front couronné de lierre, attend sur une pierre qui représente le seuil. D'autres jeunes femmes, compagnes de l'épousée ou figures allégoriques, font des libations et chantent l'épithalame. Le décor est réduit à deux pans de mur ; les personnages, alignés sur un seul plan, semblent former un bas-relief peint. Cette fresque, sans profondeur et sans décor, est évidemment, comme l'Io de la maison de Livie, la copie d'un original du IV° siècle ; peut-être est-elle inspirée d'un tableau des noces d'Alexandre et

Fig. 50. — Les Noces Aldobrandines (Musée du Vatican).

de Roxane, sujet qui fut traité par Aétion, l'un des peintres officiels du conquérant, près de vingt siècles avant que Sodoma ne le reprît dans la décoration de la Farnésine fig. 50 .

Les fresques antiques qui font cortège aux Noces Aldobrandines dans la salle du Vatican, sont des imitations fidèles d'originaux alexandrins. Une série de huit peintures, découvertes sur l'Esquilin, met en scène les aventures d'Ulysse. L'Odyssée était un sujet d'étude favori pour la science alexandrine, curieuse de géographie et de mythologie. Les fresques de l'Esquilin sont grecques jusque par la langue des légendes qui accompagnent quelques-uns des minuscules personnages. Le récit se continue à travers des paysages panoramiques, séparés les uns des autres par des colonnes, et que le peintre a brossés dans des tons lumineux, avec l'audace d'un « impressionniste ». Les peintures qui font face à cette suite de paysages représentent une série de

Fig. 51. — Galatée et Polyphème (Maison de Livie).

figures féminines, qui ont été trouvées au commencement du XIXe siècle hors de la Porte de Saint-Sébastien. Chacune des femmes est désignée par un nom écrit en latin avec des caractères d'assez basse époque. Cependant ces figurines reproduisent encore des types tout alexandrins, ceux des criminelles d'amour, Phèdre, Scylla, Pasiphaé. Elles sont sœurs de l'admirable Médée du Musée de Naples, trouvée à Herculanum.

La décoration polychrome commencée par les fresques des murs, continuée par les stucs peints des voûtes, était achevée sur le pavement

par des mosaïques en pierres de couleur. Le luxe de la mosaïque était à la
mode à Pergame et à Alexandrie : c'est de là qu'il fut apporté à Rome.
Parmi les mosaïques de style grec retrouvées dans les ruines des villas et
des thermes, les plus curieuses sont deux petits tableaux d'animaux et de

Fig. 52. — Mosaïque des Colombes, d'après Sosos de Pergame (Musée du Capitole).

nature morte, exécutés en trompe-l'œil avec la finesse d'une tapisserie
au petit point. L'un est un groupe de colombes posées sur les bords d'un
vase d'argent (Musée du Capitole : fig. 52) : l'autre est le pavement même
d'une salle à manger sur lequel un art aussi vulgaire d'intention que
précieux d'exécution a représenté les reliefs d'un repas ; au milieu des
débris et des épluchures de toute sorte, une souris est venue grignoter une
noix. Ces deux mosaïques reproduisent deux œuvres d'un mosaïste célèbre
de Pergame, appelé Sosos. Le pavement à la souris, trouvé sur l'Aventin,
porte la signature d'un certain Héraclite. Au milieu de ce pavement l'artiste a placé quatre petits tableaux qui représentent des paysages égyptiens : ce Grec qui copiait pour une maison romaine une mosaïque perga-
ménienne était un Alexandrin.

CHAPITRE III

LES COMMENCEMENTS DE L'ART GRÉCO-ROMAIN

La victoire de la civilisation grecque à Rome fut complète et définitive. La Grèce, en faisant connaître les arts à l'agreste Latium, avait, selon le vers d'Horace, conquis son farouche vainqueur. A ce flot irrésistible, dont parle Cicéron dans la *République* (II, 19), Rome n'avait rien à opposer. Le seul art qui eût été vivant autour du Capitole avant l'importation des œuvres grecques et l'immigration des artistes grecs, n'était pas latin : l'art étrusque des Tarquins n'avait été qu'une traduction de l'art grec. Rome n'avait point une religion vivante et « plastique »; ses dieux paysans n'étaient que des noms, servis par des rites minutieux et mesquins : Jupiter et Mars, Junon et Minerve ne prirent une personnalité qu'en se confondant avec des dieux de l'Olympe. Ils s'incarnèrent dans les corps superbes des immortels de bronze ou de marbre que les généraux vainqueurs, après le pillage des temples grecs, conduisaient en triomphe vers les temples romains. Les plus modestes des dieux de Rome, ceux qui n'avaient pu parer leur nom obscur d'aucun mythe hellénique, n'eurent jamais forme humaine ou bien furent assimilés tant bien que mal à quelque dieu grec. Le musée du Vatican a acquis récemment une statue de Semo Sancus, que les Romains appelaient aussi Dius Fidius, et qui était le dieu du serment (galerie des Candélabres). Sans l'inscription de la base, il eût été impossible de donner à la statue son vrai nom : l'artiste qui l'a sculptée, au IIe ou au IIIe siècle de l'ère chrétienne, a fait de Semo Sancus un Apollon d'attitude archaïque.

L'esprit positif et pratique des Romains les rendait peu propres à la création d'œuvres littéraires ou artistiques. Quand les lettres et les arts de la Grèce furent connus à Rome, les métiers d'art, comme plusieurs des professions libérales, telles que celles du grammairien, du pédagogue et du médecin, furent d'abord abandonnés aux étrangers, Grecs ou Campaniens, et comptés parmi les métiers serviles. La littérature

sortit bientôt de ce discrédit : tout en adoptant les formes et les « genres »
de la littérature grecque, elle exprima dans une langue qui lui était
propre des pensées et des sentiments qui n'étaient point grecs. Par
l'éloquence et par l'histoire, la littérature devint un soutien de la grandeur romaine. Le talent de l'écrivain et les scrupules du puriste ne sem-

Fig. 53. — Temple de Mater Matuta (?). 1ᵉʳ siècle avant Jésus-Christ.

blaient pas indignes de l'homme d'État : un Jules César ne tenait pas
moins à ses *Commentaires* qu'à ses victoires.

Le travail d'artiste resta considéré comme une occupation indigne de
la majesté romaine. En quelques vers fameux, Virgile devait résumer
l'opinion de ses concitoyens : l'art à la Grèce ; à Rome l'empire du
monde :

Excudent alii spirantia mollius æra...
Tu regere imperio populos, Romane, memento.

A côté de la longue nomenclature des poètes, des orateurs et des
historiens latins, à peine est-il possible de nommer trois ou quatre

Romains qui aient manié le pinceau ou le ciseau. On ne sait rien du sculpteur Caponius. Pacuvius, qui fut à la fois peintre et poète comique, au IIe siècle avant J.-C., était venu de Brindes : c'était un Italien des pays hellénisés. Le seul patricien artiste dont le nom se soit conservé est Fabius Pictor, qui vivait au IIIe siècle avant J.-C. De la même main il écrivit des Annales et peignit des tableaux de bataille. Le surnom porté par ce peintre historien montre qu'il s'honorait de son talent d'artiste. Alors il était d'usage d'exposer dans les triomphes, soit sur les chariots, soit le long de la Voie sacrée, des toiles peintes où étaient représentées pour le peuple les batailles de la campagne ou les vues du pays conquis. Ce genre de peinture était de l'histoire : un Fabius ne dérogeait en y travaillant. Il est possible encore aujourd'hui de contempler une peinture romaine qui remonte à peu près au temps de Fabius Pictor. Cette peinture a été découverte en 1889 dans une chambre funéraire de l'Esquilin : elle est exposée au musée des Conservateurs, dans un coin obscur de la salle des terres cuites. Les figurines, superposées sur trois zones, représentent des combats en plaine et au pied d'une ville, ainsi que des entrevues de chefs. L'un des généraux est vêtu de la toge courte et tient la lance à la main : son nom, Q. FABIO, est celui de la *gens* illustre à laquelle appartenait le peintre patricien. L'œuvre peut être d'un Romain ; mais les contours des figurines à peine modelées rappellent les peintures des vases campaniens.

Ce fragment de stuc peint par un contemporain des guerres puniques est l'un des plus précieux morceaux d'histoire que Rome ait conservés. Il est unique. La peinture retomba, avant la fin de la République, entre les mains des Grecs : les batailles des légions firent place au paysage exotique et à la mythologie alexandrine.

Un seul art a été *romain*, au même titre que la littérature latine, parce qu'il a traité des sujets romains et qu'il a été pratiqué par des Romains. Encore la peinture d'histoire n'a-t-elle été romaine que pendant quelques générations. Quant à l'architecture et à la sculpture, les formes en sont restées grecques ; la plupart des artistes qui ont dessiné des édifices et sculpté des statues ou des bas-reliefs pour l'ornement de Rome étaient des étrangers. Cependant il est légitime de parler, à côté de l'ancienne peinture romaine, d'un art gréco-romain. Cet art est grec, comme l'art asiatique et alexandrin, dont il est le prolongement et l'agrandissement ; il est romain, parce qu'il a été digne de la majesté de Rome et parce qu'il a été appelé à immortaliser par des monuments ce qui a fait la force et la gloire du peuple souverain.

Après les murailles de soutènement et de fortification, le plus ancien
ouvrage d'architecture qui se soit conservé à Rome est le sarcophage d'un
Scipion, Lucius Cornelius Barbatus, qui fut consul au commencement du
IIIe siècle avant J.-C. Ce sarcophage a été retrouvé en 1780 dans le tom-
beau de la *gens Cornelia*, sur la voie Appienne, et transporté au Vatican
(Belvédère). C'est un bloc de pépérin, en forme d'autel. Le plus noble

Fig. 54. — Temple rond voisin du Tibre.

ornement de ce tombeau est bien romain : c'est l'inscription dédiée à la
mémoire du consul dont la beauté virile fut égale au courage et qui vain-
quit le Samnium et la Lucanie. La décoration, qui est peut-être l'œuvre
d'un des Grecs de Lucanie ramenés par le vainqueur, marie de façon
inattendue les volutes ioniques aux triglyphes doriques.

L'ordre dorique fut employé pour la construction des temples de
Rome jusqu'au dernier siècle de la République : lorsque Sylla rebâtit
en l'an 83 avant J.-C. le grand temple de Jupiter Capitolin, il fit ériger
autour de la *cella* de marbre des colonnes doriques en marbre pentélique
qui avaient été prises au temple de Zeus Olympien, à Athènes. Le marbre
ne servait encore que par exception à la construction des grands édifices.

Les seuls temples contemporains de la République qui aient laissé à
Rome des ruines notables sont bâtis en tuf et en travertin. Ils se trouvent

réunis en un groupe près du Tibre, en face de l'île, sur l'emplacement du Forum des légumes (*Forum holitorium*) et du Forum des bœufs. Les restes de trois de ces temples sont engagés dans la construction de l'église de San Nicola in Carcere, voisine du théâtre de Marcellus. L'un d'eux était dorique, les deux autres ioniques. A quelques pas de San Nicolain Carcere, l'église Santa Maria Egiziaca est logée dans la *cella* d'un temple ionique fort bien conservé. Ce temple est sans doute celui d'une vieille divinité italique, la Mater Matuta, fondé, disait-on, par Servius Tullius et restauré par le dictateur Camille. L'édifice actuel a été rebâti un siècle environ avant l'ère chrétienne. Les colonnes des façades latérales et celles de la façade postérieure étaient à demi engagées dans la *cella*. Les huit colonnes antérieures, unies aujourd'hui par le mur de brique dans lequel s'ouvre la porte de l'église, étaient libres et formaient le portique du *pronaos* (fig. 53).

A quelques pas du temple ionique s'élève, plus près encore du Tibre, un temple rond, dont la *cella* est entourée d'une couronne de colonnes corinthiennes en marbre. L'entablement a disparu et les chapiteaux sont directement coiffés d'un toit de tuiles en parasol (fig. 54). Les colonnes sont de l'époque impériale, mais le plan est ancien. La forme ronde de ce petit temple, dédié à une divinité inconnue, était celle du vieux temple d'Hercule vainqueur qui se trouvait à quelques pas de là, dans le même Forum des bœufs. Les temples de ce genre furent assez nombreux à Rome : entourés de colonnes ou de pilastres grecs, ils reproduisaient sans doute la forme des antiques huttes de roseaux où avaient habité les premiers Romains.

Ce n'est pas au petit Forum des bœufs, mais au Forum romain que l'on voudrait retrouver les restes des monuments de la République. Là les blocs de travertin racontaient la lutte des patriciens et des plébéiens, les agitations soulevées par les tribuns, la chute des décemvirs, les violences des triumvirs, les combats des partisans de Sylla et de Marius, des sicaires de Clodius et de Milon. Mais le Forum reconstruit après l'incendie allumé par les Gaulois en l'an 384 avant J.-C. souffrit de plusieurs incendies sous l'empire, au temps de Néron, de Titus, de Commode, de Carinus (283 après J.-C.). En se plaçant aujourd'hui près de l'arc de Titus, sur le dos d'âne qui rejoint à la manière d'un isthme la colline du Palatin et celle de la Velia, on ne voit dans le Forum déblayé jusqu'au sol antique que des ruines contemporaines des douze Césars ou même des derniers empereurs (fig. 55). Seuls l'emplacement et parfois le soubassement des édifices de la République peuvent être distingués.

Fig. 31. — Le Forum vu de l'Arc de Titus.

Vers le milieu de la vallée, une série de chambres groupées autour d'un *atrium* était le monastère des vierges consacrées à Vesta. L'édifice actuel est du temps de Septime-Sévère ; il a été élevé sur des fondements plus anciens. A l'angle nord de l'habitation des Vestales s'élève le haut soubassement du temple de Vesta, qui avait, comme le petit temple anonyme voisin du Tibre, la forme ronde des huttes primitives. Un trou assez profond, creusé dans ce soubassement, servait à enterrer les menues offrandes des fidèles, notamment les statuettes votives en terre cuite. Des ruines informes, au nord du temple de Vesta, sont celles de la *Regia*, où le grand-prêtre habitait près des enfants vouées à la garde du feu et des sept choses sacrées et « fatales », dont l'une était, dit-on, le *Palladium* apporté par Énée. Au sud de ce même temple, les dernières fouilles ont découvert un bassin carré assez profond ; les abords de ce bassin étaient couverts de fragments de marbre, dont les plus importants faisaient partie de deux statues de cavaliers en marbre grec. Ces héros sont les Dioscures, Castor et Pollux ; le bassin est la légendaire fontaine de Juturna, reste des étangs marécageux de l'ancien Forum, où les deux frères divins étaient venus abreuver leurs chevaux et avaient donné par leur apparition la nouvelle de la victoire remportée avec leur aide à la bataille du lac Régille (496 avant J.-C.). La fontaine se trouve au pied du haut soubassement élevé au temps de la République pour porter le grand temple dédié aux Dioscures. Les trois colonnes qui sont encore debout sur la base ancienne font partie d'une reconstruction magnifique due à Tibère : leur groupe harmonieux domine le champ de ruines. Plus loin huit colonnes ioniques, redressées gauchement sur un soubassement ancien, portent un entablement grossièrement composé de morceaux disparates. Cette reconstruction qui est postérieure à l'incendie de Carinus marque la place d'un édifice vénérable, le temple de Saturne, où étaient déposés le Trésor de la République et les aigles des légions.

Sur le rocher du Capitole, un monument de la République qui domine le Forum laisse encore distinguer les lignes de sa construction primitive. Ce monument est le *Tabularium*, élevé entre les deux sommets occupés par le temple de Jupiter et par la citadelle. Il fut construit en l'an 78 avant J.-C. par le consul Catulus pour recevoir les archives de l'État. Toute la partie de l'édifice antique qui se trouvait du côté de la place du Capitole a disparu pour faire place au palais du Sénateur ; mais la façade du *Tabularium* qui regardait le Forum est restée comme encastrée dans le mur du palais moderne. Sur un mur de soubassement, digne d'une citadelle, s'élevait un portique à deux étages composé d'arcades auxquelles étaient adossées des colonnes. Le premier étage est assez bien conservé ; les colonnes, aussi bien que les arcades, sont en travertin (fig. 56).

Le *Tabularium* est actuellement le plus ancien exemple du système d'architecture qui combinait l'arcade et la voûte avec les ordres grecs, réduits au rôle d'une forte décoration en relief. L'ordre des colonnes

Fig. 56. — Le Capitole et le *Tabularium* vus du Forum.

adossées aux piliers de cet édifice est une altération italienne de l'ordre dorique, dont Vitruve fera une variété nouvelle, l'ordre toscan. Quant à l'arcade toute nue, sans décor architectural ni colonnes adossées, elle avait été connue des Étrusques qui l'employèrent à la construction des portes d'enceinte. Il n'est pas certain qu'elle ait été adoptée à Rome avant le IVe siècle de la République (IIe siècle av. J.-C.) La voûte en berceau de la *Cloaca maxima* ne remonte pas au temps des rois. Le premier aqueduc romain est, comme la première route romaine, l'ouvrage d'Appius Claudius l'Aveugle, qui fut censeur en l'an 312 avant J.-C. Cet aqueduc était plus bas que la chaussée construite par les légions et entièrement souterrain. C'est seulement en l'an 144 avant l'ère chrétienne que le préteur Marcius Rex construisit un aqueduc dont une partie était montée sur arcades. Les arches gigantesques qui traversent encore le désert de la Campagne romaine sont des tronçons de l'*Aqua Claudia*, l'aqueduc de l'empereur Claude : mais l'aqueduc impérial, bâti en travertin comme les monuments de la République,

Fig. 57. — Un aqueduc dans la campagne romaine (*Aqua Claudia*).

reproduit sans doute l'appareil des plus anciens aqueducs romains à arcades (fig. 57). Les ponts en pierre sont encore de plus récente origine. Le premier qui ait été construit à côté des vieux ponts de bois est celui qui fut inauguré par Fabricius, en l'an 62 avant J.-C., un an après le consulat de Cicéron. Il est donc douteux que la tradition d'une architecture voûtée ait été transmise aux Romains, avec celle des grands travaux d'ingénieurs, par les Étrusques.

L'usage des aqueducs a pu contribuer à la vogue des arcades. Cependant l'union de l'arcade et des ordres grecs n'a pas été réalisée pour la première fois à Rome. Sans doute les Grecs d'Athènes et du Péloponèse n'avaient connu, à l'époque classique, que les lignes perpen-

diculaires des colonnes et des entablements; mais les Grecs d'Asie employèrent l'arcade, dont le tracé était resté usuel dans les pays tels que la
Perse. L'architecture gréco-asiatique dont le *Tabularium* est le premier

Fig. 58. — Tombeau de Bibulus, au pied du Capitole (1er siècle av. J.-C.).

exemple à Rome, put être importée vers la fin des guerres puniques par
des artistes tels que cet Hermodore de Chypre qui construisit au Champ
de Mars deux temples et un grand portique de marbre dédié en 146 par
le consul Métellus.

L'architecture à arcades, décorée de colonnes toscanes, fut sans doute
employée dès le dernier siècle de la République à la construction des
basiliques, espèces de grandes halles couvertes, à plusieurs nefs, qui ser-

vaient de lieu de réunion pour les affaires et aussi de tribunal. Le modèle des basiliques de Rome est à Alexandrie et à Pergame où d'immenses portiques couvraient l'esplanade. Le nom même de l'édifice est mystérieux. Il veut dire en grec édifice royal ; les grammairiens anciens cherchaient l'étymologie de ce nom à Athènes, où l'archonte *roi* aurait rendu la justice sous un portique. Les basiliques de Rome rappellent bien plutôt les constructions de ces rois grecs qui, après Alexandre, rivalisaient de faste avec le grand roi de la Perse Achéménide, le *basileus*.

L'arcade et les colonnes adossées servirent peut-être à orner la façade circulaire du premier théâtre de pierre élevé à Rome, celui que Pompée fonda dans le Champ de Mars en l'an 55 avant J.-C. Cet édifice fut plusieurs fois brûlé et rebâti. Les arcades en travertin dont les restes ont été retrouvés près du Campo dei Fiori faisaient partie d'une construction de l'époque impériale.

Vers l'an 120 avant J.-C., le consul Quintus Fabius, vainqueur des Allobroges, avait fait ériger au Forum le premier arc de triomphe romain : l'arc s'élevait sur la Voie sacrée, entre l'ancienne *Regia* et l'emplacement du temple d'Apollon et de Faustine. Les édifices de ce genre se rattachaient au système des constructions hellénistiques à arcades. Mais Rome, au temps de la République, transforma les portes solennelles de Pergame et d'Alexandrie en monuments de ses victoires.

Les petits temples en travertin qui sont les monuments les mieux conservés de la République romaine n'ont pas de décoration sculptée. Sur le tombeau de Bibulus, voisin du Capitole et qui a la forme d'une chapelle à pilastres toscans, les reliefs de la frise ne dessinent que des festons et des bucranes (fig. 58). Les textes seuls font connaître que sur les frontons du temple de Jupiter Capitolin, rebâti par Sylla, de grands reliefs de marbre, sculptés sans doute par des Athéniens, représentaient la déesse Rome, à côté de la louve et des deux jumeaux. Les artistes grecs ne trouvèrent point à Rome une tradition artistique, mais des sujets et des types nouveaux qu'ils eurent à interpréter.

L'orgueil national et familial des Romains multiplia les statues-portraits, nombreuses déjà dans les villes hellénistiques. Dès la fin du IVᵉ siècle Manlius et Camille eurent leur statue équestre ; en l'an 260 la première victoire de la flotte romaine fut commémorée au Forum par la colonne ornée de rostres qui fut érigée près de la tribune aux harangues et qui servit de piédestal à la statue de Duilius. Les héros mêmes de l'histoire légendaire furent représentés en bronze : une statue équestre

élevée sur la Vélia, près de l'emplacement de l'arc de Titus, était celle de
Clélie, sœur des Amazones.

Dans les maisons des patriciens une coutume toute romaine avait préparé les voies à l'art du portrait. La pratique de l'incinération avait fait
abandonner l'emploi des sarcophages sur lesquels les Étrusques s'étaient
fait représenter couchés, le visage grand comme nature et marqué de traits
individuels. Les portraits qui n'avaient plus place sur les tombes furent

Fig. 59. — Époux romains (Musée du Vatican).

admis dans le *tablinum*, la salle de réception. Ces portraits furent d'abord
des masques modelés en cire qui ne sortaient de la maison que le jour
où l'un des membres de la *gens* allait rejoindre les morts de sa
famille. Alors ces masques étaient portés par des figurants en toge qui
représentaient les ancêtres. Les visages impassibles précédaient la litière
funèbre, comme un cortège de fantômes.

Quand Rome eut été conquise à l'art grec, les masques de cire furent
peu à peu remplacés par des bustes. Les sculpteurs eurent à représenter,
non seulement des héros et des morts, mais des vivants. L'art hellénistique imita l'ampleur oratoire de la toge, comme il avait fait pour les
saraballes et les tiares persanes des cours asiatiques.

Les artistes de Pergame et d'Alexandrie avaient excellé à caractériser les races, Galates aux cheveux roux, Nubiens ou nègres. Les Grecs qui travaillaient à Rome copièrent avec vigueur les crânes ronds, les fronts bas et les mentons carrés des peuplades italiennes qui étaient devenues le peuple-roi. Ils ont gardé à la postérité la ressemblance de ces solides bourgeois de Rome, dont les changements politiques et les transformations religieuses ne modifièrent que lentement les mœurs et les allures. Un haut-relief du temps de l'Empire, au musée du Vatican, unit dans un même bloc de marbre deux époux romains : la tradition les appelle Caton et Portia (fig. 59). Et en effet ces deux inconnus sont bien les représentants de l'ancienne Rome. L'homme déjà ridé, la femme, jeune et cependant grave, comme doit l'être une matrone, s'appuient l'un sur l'autre à jamais, comme ils ont fait dans leur vie commune : *Ubi tu Gaius, ibi ego Gaia.*

CHAPITRE IV

LE SIÈCLE D'AUGUSTE

Rome s'était agrandie en même temps qu'elle étendait au loin ses conquêtes. En un siècle et demi, depuis la fin des guerres puniques jusqu'à la dictature de César, la superficie de la ville avait presque doublé. Rome, qui n'avait eu à craindre, après la retraite d'Annibal, la menace d'aucun ennemi, avait pu négliger d'entretenir ses murailles. La crue des habitations avait débordé de toutes parts l'enceinte qui couronnait le groupe des collines et avait nivelé le vieux rempart de terre et de pierre.

Dans la Rome que trouva Jules César, les quartiers populeux et animés étaient répartis tout autrement qu'ils ne le sont dans la ville d'aujourd'hui. Le Forum, centre de la vie romaine, n'est plus qu'un champ de ruines, respecté et abandonné par la vie moderne. A la fin de la République, les faubourgs qui s'étaient avancés sur les pentes de l'Esquilin, du Célius et de l'Aventin, ne laissaient entre eux que quelques terrains vagues : le plus sinistre et le plus malsain était le cimetière primitif de l'Esquilin, devenu le charnier des pauvres et des esclaves. Maintenant les trois collines qui s'arrondissent à l'est de la ville sont couvertes de jardins et de vignes qui ont l'aspect d'une banlieue livrée aux cultures. Du côté du fleuve, au contraire, le Champ de Mars, où le nouveau royaume a établi les palais de son Sénat et de sa Chambre des Députés, et où passent deux grandes voies commerçantes, la Via Nazionale et le Corso Umberto I°, était encore, à la fin de la République, un champ d'exercices et une promenade populaire. Cependant la ville avait commencé à s'étendre sur cette plaine d'alluvions : le censeur Flaminius y avait établi un cirque dès l'an 220 avant J.-C. Au nord du Champ de Mars, la colline du Pincius, prolongement du Quirinal, était un immense parc divisé entre trois ou quatre propriétaires opulents. Les marbres et les bronzes alignés le long des allées d'arbres, sous les portiques et dans les niches des nymphées, faisaient de la « Colline des jardins », comme l'appelaient les Romains, un Musée en plein air, hors des quartiers habités. Une partie du Pincio a repris son antique parure d'arbres verts et de statues : les jardins de Pompée ont été remplacés par le « Bosco » de la Villa Médicis et par la promenade publique. Mais, au delà de la Trinità dei Monti, dont les tours marquent l'emplacement des jardins de Lucullus, la villa Ludovisi, héritière lointaine des fameux jardins de Salluste, n'est plus qu'un souvenir de beauté silencieuse et auguste pour ceux qui ont vu, à côté des marbres grecs aujourd'hui transportés dans un Musée national, le bois sacré des grands pins, abattus par les constructeurs de maisons de rapport.

Au delà du fleuve, un faubourg s'était aggloméré pendant la République au pied du Janicule ; il communiquait avec la ville par quatre ponts. Ce premier *Trastevere* était, au temps de César, le quartier des Orientaux et des Juifs. La plaine qui semblait continuer le Champ de Mars sur la rive droite du fleuve ne fut, pendant toute l'antiquité, comme elle l'était encore au temps de Pie IX, qu'un maigre pâturage. C'est de nos jours que ces prés, les *Prati di Castello*, ont été couverts par les constructions régulières d'un quartier neuf, dont les rues s'alignent autour du Palais de Justice. Quant au Vatican, il n'était, avant la naissance du Christ, qu'un monticule boisé, pareil au Monte Mario.

Si l'on tient compte de l'étendue des jardins ou des terrains déserts, la superficie habitée de la ville de Rome aurait été, à la fin de la République, un peu moins étendue qu'elle ne l'est aujourd'hui. Cependant la population était certainement plus nombreuse de beaucoup. Elle approche, au commencement du XXe siècle, du chiffre de 500 000 habitants ; vingt siècles plus tôt, elle dépassait un million et approchait peut-être de deux millions. Pour suffire à une population aussi dense, continuellement grossie par les Italiens et les étrangers de tous pays qui venaient chercher fortune dans la ville unique, Rome s'était développée en hauteur plus rapidement qu'en surface. Les maisons particulières construites selon l'ancienne mode italiote ou hellénique, avec un atrium ou un péristyle entouré de toits bas ne se trouvaient que sur les hauteurs, telle que le Palatin, où habitaient les riches (fig. 60). A l'exception des deux vallons du Forum et du Cirque, les dépressions qui séparaient les collines étaient comme comblées par d'énormes maisons de rapport habitées par des locataires (*inquilini*) et appartenant à des capitalistes comme le triumvir Crassus. Les pâtés de maisons, que les Romains appelaient îlots (*insulæ*), étaient séparés par des ruelles tortueuses, tracées au hasard des reconstructions qui avaient suivi le grand incendie allumé par les Gaulois et les nombreux incendies qui éclataient par accident. Des balcons (*mæ-niana*) sur lesquels s'élevaient parfois trois et quatre étages bâtis en encorbellement, ne laissaient pas le soleil se glisser jusqu'aux échoppes du rez-de-chaussée. Une fresque de la Maison de Livie montre, comme dans un diorama de la vie plébéienne ouvert dans la paroi peinte de l'habitation patricienne, une de ces rues encaissées entre de hautes maisons

Fig. 60. — Ruines de la Maison de Livie, sur le Palatin.

à terrasses (fig. 61). Pour se représenter, d'après ce coin de rue, tout un quartier populeux de Rome, il faudrait se souvenir, non point des petits « hôtels » bourgeois de Pompéi, mais plutôt de ces blocs de maisons sordides où d'innombrables familles pullulent sur le port de Naples[1].

L'exemple de ces maisons de rapport avait été donné par les villes hellénistiques ; mais ni à Antioche, ni à Alexandrie, les habitations ne s'étaient élevées à plus de trois étages. Dans les quartiers les plus popu-

[1] Aucun document authentique ne donne la statistique des maisons de Rome avant le IVᵉ siècle de l'ère chrétienne. Au temps de Constantin, la *Notitia urbis* compte environ 45 000 maisons de rapport (*insulæ*), contre 1 800 « hôtels » particuliers (*domus*).

leux de Rome certaines maisons avaient cinq étages et une vingtaine de mètres de haut. Il manquait à cette gigantesque ruche aux alvéoles serrées, qui était déjà la capitale du monde méditerranéen, la grandeur monumentale que donnaient aux capitales des royaumes grecs d'Orient les percées régulières et les ordonnances symétriques. Comment tracer dans le dédale des collines tibérines une avenue pareille à celle d'Alexandrie, ou à cette voie triomphale de Palmyre, jalonnée dans le désert par une colonnade d'un kilomètre de long? Les temples mêmes ne formaient point à Rome des groupes harmonieusement composés. Au milieu des monuments élevés de siècle en siècle dans le vallon du Forum, la Voie Sacrée était obligée de serpenter depuis la Vélia jusqu'à la base du Capitole.

Dans cette ville massive et irrégulière, les monuments les plus riches avaient perdu de leur splendeur dans le dernier siècle de la République. Les temples avaient été négligés. Leur ruine menaçait de suivre la décadence de la vieille religion

Fig. 61. — Une rue de Rome.
Fresque dans la Maison de Livie, sur le Palatin.

formaliste, qu'avait ébranlée le scepticisme ouvertement professé dans la littérature et au théâtre. Les violences avaient achevé l'œuvre de l'indifférence. A côté des édifices qui tombaient de vétusté, d'autres, calcinés par les incendies allumés dans les luttes civiles, élevaient sur le Capitole et au Forum des colonnades sinistrement noircies.

César, le premier, forma des plans magnifiques pour l'embellissement de Rome ; l'exécution en fut retardée par les guerres étrangères et arrêtée par la mort du dictateur.

L'avènement d'Auguste commença pour la ville une ère nouvelle. Les défaites des meurtriers de César avaient mis fin aux guerres civiles. L'anarchie sanglante avait été noyée dans le sang des proscriptions. Le

Fig. 62. — Le Forum.

temps de la clémence était venu. La guerre faisait trève même sur les frontières orientales de l'Empire et le temple de Janus, alors situé entre la Curie et la basilique Æmilia (au point où se termine la via Cavour), put fermer ses portes. « La paix et un souverain » : dans ces deux mots Tacite a défini le nouveau régime. Il n'en pouvait être de plus favorable aux arts, avec un souverain qui consacra une grande partie de ses efforts aux œuvres qui font la gloire de la paix. Les deux hommes de haute intelligence dont Auguste fit les confidents de ses desseins et les auxiliaires de son pouvoir furent pour lui, en même temps qu'un général et un amiral, un ministre des lettres et un ministre des arts : Mécène commandait à Virgile les Géorgiques et l'Énéide ; Agrippa, dans l'année de son édilité (33 av. J.-C.), accomplissait des travaux immenses pour alimenter d'eau la ville tout entière ; il élevait des fontaines monumentales ; il remplissait les portiques de statues et de tableaux grecs.

Pour Auguste et pour ses ministres la protection donnée à la littérature et à l'art fut à la fois la satisfaction d'un goût et le calcul d'une politique. Le souverain met au service de ses réformes et de ses projets les architectes et les sculpteurs, comme les historiens et les poètes. D'abord il convie les uns et les autres à une grande œuvre de restauration. Il veut rendre toute sa force et tout son lustre à la religion d'État. Pour plaire à l'empereur, Virgile et Tite-Live se gardent de professer l'athéisme de Lucrèce et le déisme de Cicéron. Le pieux héros de l'Énéide est religieux comme Auguste ; il est, comme lui, sacrificateur et pontife. Les rites les plus surannés sont pris au sérieux par les hommes les plus frivoles. Properce explique les vieilles cérémonies dans des élégies laborieuses, de concert avec Varron, le plus savant des Romains. Ovide, dans ses Fastes, traduit pour les élégants le calendrier liturgique. Aux nouveaux fidèles, il fallait des temples embellis et rajeunis comme les vieilles formules et les antiques légendes. Le nom d'Auguste pris par le maître de l'Empire, était celui que le langage sacerdotal attribuait aux temples consacrés ; avant d'être rangé parmi les dieux, Auguste se considérait lui-même comme un temple vivant. Il devait s'appliquer avant tout à relever ou à réparer les temples de pierre et de marbre qui avaient souffert pendant les guerres civiles. Par une générosité jusqu'alors inouïe, il mérita l'invocation d'Ovide qui salue en lui le fondateur et le restaurateur de tant d'édifices sacrés : « Templorum positor, templorum sancte repostor ! » Lui-même, dans son testament politique apprendra à la postérité qu'en une seule année, celle de son sixième consulat (28 av. J.-C.), il a rebâti quatre-vingt-deux temples. Au milieu du Forum, les trois colonnes du temple de Castor et Pollux, restées debout sur leur soubassement de l'époque républicaine témoignent de la magnificence des reconstructions entreprises par Auguste lui-même et sous son inspiration. Ces colonnes font partie de l'édifice dédié en l'an 6 avant J.-C. par Tibère et son frère Drusus. Les fûts cannelés, les chapiteaux corinthiens et l'entablement d'une décoration délicate et sobre sont en marbre pentélique (fig. 62).

Ces colonnades brillantes de blancheur transformaient l'aspect des vieux quartiers. Mais Auguste ne se contentait pas de reconstruire les temples fondés sous la République. Il poursuivit sur de nouveaux plans un embellissement méthodique de la ville qui accompagna une réorganisation complète de l'administration urbaine.

Rome était restée, depuis le temps des rois, divisée en quatre régions qui correspondaient aux quatre tribus primitives. Les faubourgs et les quartiers construits au delà des murs avaient été rattachés tant bien que mal à des divisions faites pour les premières collines habitées : Palatin, Esquilin, Suburre, Quirinal. Auguste établit une division nouvelle, qui s'étendait à tout le périmètre de la ville, en comprenant la Colline des Jardins, le Champ de Mars et le Trastevere (*Trans Tiberim*). Il distingua

non plus quatre, mais quatorze régions, désignées par des numéros d'ordre. Chacun de ces arrondissements fut subdivisé en quartiers ou *vici*. Toute une hiérarchie de fonctionnaires municipaux fut préposée au maintien de l'ordre et de la sécurité dans les quartiers et les arrondissements, sous l'autorité de trois magistrats appelés préfets. Le préfet des vigiles avait sous son commandement les vigiles, à la fois veilleurs de nuit et pompiers. Ses attributions étaient à peu près celles d'un préfet de police.

Le désordre des rues tortueuses contrastait avec la netteté des divisions administratives tracées sur le plan de

Fig 65. — Enceinte du Forum d'Auguste.

la ville. Auguste voulut transformer une partie de sa capitale en élevant des constructions nouvelles dans les vieux quartiers, en ouvrant à travers les îlots de maisons de larges percées et en bâtissant sur les terrains voisins du Tibre un quartier neuf, enrichi de monuments magnifiques. Ces grands projets, qui s'ajoutaient à la restauration complète des édifices religieux, semblent, en vérité, avoir inspiré Napoléon III dans les entreprises qu'il accomplit avec le concours d'un Viollet-le-Duc et d'un Haussmann : restauration des églises du moyen âge, création d'un nouveau Paris. Pour le premier empereur romain, comme pour l'empereur des Français, l'architecture est un « instrument de règne » ; quand le goût du bien-être et du luxe privé ou public devient plus fort que l'amour de la liberté, un Opéra fait oublier un coup d'État. Les conservateurs sont rassurés et les mécontents éblouis par le spectacle des temples relevés et de la ville embellie. La magnificence des travaux publics atteste aux yeux des sujets la prospérité des finances de l'Empire et la sollicitude généreuse du souverain. Auguste rendit à l'État plus qu'il ne reçut de lui ; il employa à reconstruire une partie de Rome et des villes italiennes les sommes énormes qu'il sut se faire léguer par tous ses riches amis : quatre milliards de sesterces, près d'un milliard de francs.

En donnant un exemple dont d'autres usurpateurs devaient se souvenir, l'empereur ne fit lui-même qu'achever et que continuer les entreprises conçues par le véritable fondateur de l'Empire. Jules César avait commencé à ménager au milieu de la plus vieille Rome de grands espaces couverts ou découverts où pût se répandre, pour les réunions et les affaires, la foule pressée dans les rues étroites. Il donnait à un Æmilius Lepidus une somme équivalente à neuf ou dix millions sur le butin des Gaules pour rebâtir plus magnifiquement la basilique Æmilia. Lui-même fonda en face de cette basilique, la grande basilique Julia, qui s'étendait sur tout le terrain du Forum compris entre le temple des Dioscures et le temple de Saturne. Il rebâtit la curie, à laquelle les partisans de Clodius avaient mis le feu en amoncelant le mobilier et les archives du Sénat pour en faire le bûcher de leur chef assassiné. La place de la Curia Julia, qui fut rebâtie par Domitien, est occupée par l'église de Sant Adriano. César voulut encore étendre le Forum derrière la Curie ou plutôt ouvrir de ce côté un Forum nouveau qui fît pendant à l'antique Forum des bœufs. Pour faire place au Forum de César, des îlots entiers de maisons furent abattus ; les expropriations coûtèrent cent millions de sesterces (vingt millions de francs). Le terrain déblayé fut entouré d'une haute enceinte rectangulaire, à laquelle s'appuya un portique. Le Forum tout entier fut consacré à Vénus, dont le dictateur prétendait descendre par Énée et son fils Jules, ancêtre héroïque de la *gens julia*. Au milieu de l'enceinte et des portiques, César éleva à la déesse le temple qu'il lui avait promis le matin de la bataille de Pharsale[1].

Le Forum et le temple de *Vénus génitrix* mère des Jules, n'étaient pas achevés lorsque César fut massacré aux ides de mars (44 av. J.-C.) dans le Sénat rebâti par lui. Auguste reprit l'œuvre de son père adoptif. Il acheva la nouvelle salle du Sénat et y ajouta un portique. La basilique Julia ayant été détruite par un incendie, il la rebâtit sur un plus

---

[1] L'emplacement de ce temple, dont il ne reste aucune trace, est à peu près marqué par le croisement de la via Cremona et de la via delle Marmorelle.

vaste plan. L'édifice eut cinq nefs. Les façades présentaient deux étages
d'arcades avec une double file de colonnes toscanes adossées aux pieds
droits, comme sur la façade du Tabularium. Les fondations des piliers
qui séparaient les nefs ont été retrouvées et trois des arcades ont été restaurées sur la façade de la basilique qui regardait le Capitole (fig. 55).

Auguste dédia un temple à César lui-même, au milieu du Forum, sur
l'emplacement de la nou-
velle tribune aux harangues
élevée par César et où le
corps du « père de la
patrie », percé de trente-
quatre coups de poignard,
avait été brûlé par le
peuple ivre de douleur. Le
temple du dieu Jules est le
premier qui ait été élevé
dans Rome à la divinité
d'un souverain. Il ne reste
de ce temple que le sou-
bassement très élevé en
blocage bétonné qui s'a-
vance perpendiculairement
au temple de Castor et
Pollux. La partie anté-
rieure du soubassement du
temple de César resta em-
ployée comme tribune : on
peut se représenter plantée
dans cette maçonnerie les

Fig. 64. — Ruines du Temple de Mars vengeur,
dans le Forum d'Auguste.

nouveaux rostres, qui étaient les éperons des vaisseaux égyptiens pris à
la bataille d'Actium (30 av. J.-C.).

La divinité de César et la gloire d'Auguste étaient célébrées au milieu
de l'ancien Forum. Auguste voulut encore créer un nouveau Forum dans
le prolongement de celui de César. Les avocats purent après lui, selon le
vers de Stace, faire retentir leur voix dans trois Forums. Le Forum d'Auguste fit une large trouée au milieu du quartier populeux déjà entamé par
César. Le mur d'enceinte, bâti en énormes blocs de travertin, eut trente-
cinq mètres de haut. Aujourd'hui, sur la Via Tor di Conti, la muraille
d'Auguste, enterrée de cinq mètres, domine encore le cinquième étage

des maisons modernes (fig. 63). L'enceinte du Forum ne dessinait pas un simple rectangle : elle s'infléchissait de manière à former trois énormes absides semi-circulaires, disposées en trèfle. La saillie de l'abside centrale est visible à l'angle de la Via Tor di Conti et de la Via Baccina. A l'intérieur de cette haute abside à ciel découvert s'adossait le temple géant, dont la cella se terminait elle-même par une abside en demi-cercle. Comme le temple du Forum de César rappelait la victoire de Pharsale, le temple du Forum d'Auguste rappela la victoire de Philippes. Auguste dédia ce temple à Mars vengeur, qui, en lui donnant la victoire, avait fait justice des meurtriers de César. Les trois colonnes de marbre grec encore debout le long de la Via Bonella s'élèvent à quinze mètres au-dessus du sol moderne; elles ont été déblayées jusqu'à leur base, qui apparaît dans une sorte de fosse (fig. 64). Les chapiteaux sont les plus majestueux exemples de l'ordre corinthien qui aient été laissés par l'antiquité : ils ont été cent fois copiés et relevés par les architectes pensionnaires de l'Académie de France. Dans ce temple digne du dieu des triomphes romains, Auguste avait consacré l'épée de César, à côté de deux tableaux grecs qui représentaient Alexandre.

Pour faucher dans le quartier populeux de la Suburre les grandes aires découvertes au milieu desquelles s'élevèrent les temples de Vénus mère et de Mars vengeur, il avait fallu acheter et démolir des files de maisons à cinq étages. Mais de l'autre côté du rocher capitolin, la plaine du Champ de Mars offrait d'immenses terrains libres.

César avait formé le dessein de bâtir dans cette plaine tout un quartier neuf : l'ancien Champ de Mars eût été transféré dans la plaine qui s'étendait au delà de la boucle du Tibre; le dictateur pensa même à réunir les deux plaines en détournant le cours du fleuve pour le faire passer au pied de la colline vaticane. César eut seulement le temps d'élever un grand portique au Champ de Mars; Pompée y bâtit de son côté un portique et un théâtre. Mais les grands travaux d'ensemble qui transformèrent la plaine ne furent poussés qu'au temps d'Auguste.

Trois monuments destinés aux spectacles s'élevèrent en quelques années non loin du théâtre de Pompée, déjà capable de contenir 20 000 spectateurs. Auguste lui-même bâtit un théâtre entre le Capitole et le Tibre. Un de ses courtisans, Cornelius Balbus, éleva au Champ de Mars un troisième théâtre; un autre familier de l'empereur, Statilius Taurus, construisit encore dans le même quartier un amphithéâtre de pierre, le premier qui eût été élevé à Rome, où les premiers amphithéâtres avaient des gradins de bois. Le théâtre de Balbus et l'amphithéâtre de Taurus n'ont pas laissé de ruines et leur emplacement exact est inconnu.

Le théâtre d'Auguste fut dédié en l'an 13 avant J.-C., en l'honneur de Marcellus, neveu de l'empereur. La mémoire du prince mort à vingt ans sera conservée à jamais par les vers douloureux de Virgile. Quant à la

Fig. 65. — Théâtre de Marcellus.

masse indestructible de l'édifice qui porte encore le nom de Marcellus, elle est à moitié enfouie dans le sol fait de ruines amoncelées. Des échoppes, restes de l'ancien *Ghetto*, sont logées sous chacune des arcades qu'elles ont enfumées et salies. L'ordre ionique du premier étage, qui se dresse au-dessus de la frise à triglyphes doriques de l'ordre inférieur, a la majesté d'une ruine et la couleur d'une loque (fig. 65).

La famille d'Auguste, qui ne pouvait tenter de grandes expropriations dans la vieille ville, a élevé des constructions magnifiques dans la plaine du Champ de Mars. A quelques pas du théâtre dédié à la mémoire de son fils, Octavie, la sœur d'Auguste, éleva sur l'emplacement du portique de Métellus un nouveau portique dont les trois cents colonnes formaient une enceinte ajourée autour de deux temples dédiés à Jupiter et à Junon.

Il ne reste des colonnades qu'un fronton élevé autrefois sur deux pilastres d'angle et sur quatre colonnes corinthiennes. L'inscription de l'entablement fait connaître que l'édifice a été restauré, après un incendie, par Septime Sévère et Caracalla. Dans un siècle obscur du moyen âge, une arcade de brique a été élevée sous l'entablement de marbre pour tenir l'office des colonnes tombées (fig. 66).

Fig. 66. — Portique d'Octavie.

Agrippa qui était entré dans la famille d'Auguste, en épousant la sœur de Marcellus, et qui, après la mort de sa première femme, était devenu le gendre de l'empereur, contribua plus largement qu'Auguste lui-même à l'embellissement du Champ de Mars. Pendant son édilité il avait fait combler le marais de la Chèvre, où, selon la tradition, Romulus avait disparu mystérieusement pendant un orage. Sur ce terrain entouré de légendes, Agrippa éleva une grande construction d'un type encore inconnu à Rome et qui répondait à de nouveaux besoins de luxe : des thermes ou bains publics. L'aqueduc de l'*Aqua Virgo*, bâti pour alimenter ces thermes, verse encore aujourd'hui des torrents d'eau dans la fontaine de Trevi. Quelques restes des thermes d'Agrippa ont été retrouvés derrière le Panthéon. Les plus remarquables sont des marbres sculptés qui ont été appliqués à un mur de brique dans la Via della Palombara ; ils formaient la décoration intérieure d'une salle. Les chapiteaux, de galbe corinthien, sont ornés de larges feuilles d'eau ; la frise est ornée de coquilles, de tridents et de dauphins : décoration aquatique ingénieusement appropriée à un édifice qui était un palais des eaux (fig. 67).

Fig. 67. — Fragment des Thermes d'Agrippa.

Devant ses thermes Agrippa fonda quelques années plus tard, pendant son troisième consulat (27 av. J.-C.), le Panthéon, consacré à tous les dieux protecteurs de la race d'Auguste. L'édifice porte encore sur son fronton l'inscription dédicatoire d'Agrippa en grandes lettres de bronze doré, refaites par ordre du ministre Baccelli sur le creux des lettres gravées dans l'entablement. Il est de tous les monuments antiques de Rome le mieux conservé en apparence et le plus singulier. Un grand portique de temple sert de porche monumental à une immense rotonde : le plan rectiligne et le plan circulaire se trouvent unis audacieusement dans un même ensemble (fig. 68). Cet édifice, aussi différent que possible d'un temple grec, a longtemps passé pour la création la plus originale de l'art romain, réalisée dès le siècle d'Auguste. Les études récentes de plusieurs archéologues italiens et d'un architecte français, M. Chédanne, ancien pensionnaire de la Villa Médicis, ont démontré que le Panthéon actuel se composait de deux parties bien distinctes, qui remontent à deux siècles différents de l'empire romain.

Fig. 68. — Le Panthéon.

Dans toute la rotonde, depuis la base jusqu'aux assises supérieures de la coupole, les réparations et les sondages ont fait retrouver des briques estampillées sons le règne d'Hadrien, près de 150 ans après l'achèvement du Panthéon d'Agrippa. Ce dernier temple avait été brûlé une première fois sous Titus et rebâti en partie par Domitien avant l'incendie qui nécessita la reconstruction entreprise par Hadrien. La *cella* du Panthéon d'Agrippa était rectangulaire, et non circulaire; d'après la description de Pline, elle était divisée en trois nefs par une colonnade à deux étages : au-dessus des chapiteaux corinthiens de bronze qui surmontaient l'ordre inférieur se dressaient des caryatides féminines qui portaient sur leurs têtes le toit du sanctuaire [1]. C'est probablement dans la *cella* que les incendies avaient été allumés par les lampes qui brûlaient devant les statues des dieux. Hadrien ne put ou ne voulut conserver dans sa reconstruction que la paroi antérieure de la *cella* revêtue de marbre par Agrippa, avec le portique dont la triple colonnade précédait l'entrée. Une énorme construction rectangulaire, ornée d'un second fronton, relia maladroitement

Fig. 69. — Portique du Panthéon, construit par Agrippa, reconstruit par Septime Sévère.

le portique de marbre à la nouvelle rotonde de brique. Peut-être Hadrien dut-il rebâtir en partie le portique même dont il conservait l'inscription, en employant les colonnes anciennes de granit oriental. Une seconde restauration du portique fut exécutée en l'an 203 par Septime Sévère et Caracalla, qui firent graver leurs noms en petits caractères au-dessus de la grande inscription du gendre d'Auguste. Ces restaurations altérèrent gravement les proportions de la colonnade et du fronton. Les fouilles et les calculs des architectes qui ont étudié le monument de nos jours ont prouvé

[1] Voir plus haut, p. 51.

que la façade du Panthéon d'Agrippa comptait dix colonnes ; elle n'en compte plus que huit (fig. 69). Le portique même de la rotonde, remanié et altéré deux siècles après sa construction, ne peut être considéré comme un modèle de l'architecture au temps d'Auguste. Les colonnes qui divisaient le portique du Panthéon d'Agrippa en trois courtes nefs perpendiculaires à la façade de la *cella* portaient un entablement de marbre surmonté d'une charpente en bronze. Ce bronze, réemployé dans les restaurations antiques de l'édifice, fut enlevé, en 1625 par le pape Urbain VIII, qui l'employa pour fondre des canons destinés au château Saint-Ange. Comme le pape était de la famille Barberini, un dicton courut la ville : *Quod non fecerunt Barbari, fecerunt Barberini.* Dans la façade de la *cella*, derrière le portique, deux grandes niches de marbre, ménagées à droite et à gauche de l'entrée, contenaient jadis les statues colossales d'Auguste et d'Agrippa. Ces niches, avec la porte, et les colonnes monolithes, avec leurs chapiteaux, sont les seuls restes à peu près intacts de l'un des plus magnifiques monuments du siècle d'Auguste.

Près du Panthéon, Agrippa avait bâti un grand temple dédié à Neptune. Cette fondation devait commémorer la victoire décisive que l'ami d'Auguste avait remportée sur la flotte de Sextus Pompée et qui avait mérité au triomphateur la couronne navale, bizarrement ornée d'un rostre qui pointait au-dessus du front.

Les onze colonnes d'ordre corinthien engagées dans le mur de la Bourse (l'ancienne Douane), sur la Piazza di Pietra, ont fait partie du temple de Neptune, qu'Hadrien rebâtit, après un incendie, en employant, comme pour le Panthéon, une partie des matériaux anciens (fig. 70). Il ne reste rien des portiques ornés de tableaux grecs, dont Agrippa avait entouré le temple. Le portique des Argonautes, dont la décoration était probablement composée d'anciennes peintures analogues à celles qui ont été copiées sur la ciste prénestine du musée Kircher, se trouvait en bordure d'une avenue droite appelée la Via Lata. Cette voie nouvelle s'avançait au milieu des colonnades et des villas, depuis le pied du Capitole jusqu'au pied du Pincio ; elle était prolongée au delà du Champ de Mars par la Via Flaminia, qu'Auguste avait fait réparer sur toute la traversée de la péninsule jusqu'à Ariminum (Rimini). La Via Lata, la grande avenue du nouveau quartier embelli par la famille d'Auguste, est aujourd'hui le Corso.

La plaine d'alluvions qui se couvrait de monuments gigantesques et d'habitations luxueuses se trouvait exposée aux inondations limoneuses du

Tibre. Aujourd'hui les crues qui restent endiguées par les nouveaux quais provoquent dans l'ancien marais de la Chèvre des infiltrations qui remplissent l'encaissement où s'élève le portique du Panthéon d'Agrippa. Auguste régularisa par des dragages le cours du fleuve qui se trouvait encombré de ruines. Il établit sur la rive droite du Tibre une naumachie dont le bassin s'avançait jusqu'au pied du Janicule : Auguste fit com-

Fig. 70. — Temple de Neptune, fondé par Agrippa, restauré par Hadrien.

battre dans cet amphithéâtre naval trente vaisseaux à éperon lors des fêtes célébrées pour la dédicace de son Forum. C'est sans doute vers le temps où fut construite la naumachie du Tibre que l'île voisine reçut la singulière décoration de ses quais. L'île tibérine était consacrée à Esculape, l'Asclépios grec. En l'an 263, après une peste, un vaisseau était allé chercher à Épidaure le serpent sacré, incarnation de la divinité bienfaisante. Quand le vaisseau eut remonté le Tibre jusqu'à la hauteur de la ville, le serpent quitta de lui-même son abri pour gagner l'île. En mémoire du vaisseau qui avait apporté le dieu, l'île de forme allongée et pareille à un énorme bâtiment qui aurait jeté l'ancre devant Rome fut ornée d'une

Fig. 71. — L'île du Tibre avant la construction des nouveaux quais.

proue en tuf et en travertin. Sur le bordage de pierre, du côté qui regarde la ville, est sculpté un buste d'Esculape accompagné du bâton autour duquel s'enroule le serpent. Ce buste est encore visible, au-dessous du petit escalier de la Morgue qui a succédé au temple du dieu guérisseur.

Auguste, en embellissant la ville et le fleuve même, n'avait pas négligé son habitation. Il était né sur le Palatin qui était devenu, avant le Champ de Mars, le quartier aristocratique. Sa maison natale se trouvait au lieu des bucranes (*ad capita bubula*), ainsi dénommé à cause des sculptures qui décoraient quelque chapelle. Auguste ne conserva pas cette maison ; il habita sur le Palatin l'hôtel assez modeste d'Hortensius, l'orateur rival de Cicéron. C'est seulement après la bataille d'Actium que le nouveau maître du monde se fit bâtir un palais, dont l'enceinte comprit, avec la maison où était né Auguste, les jardins de Catilina. La résidence du souverain se trouvait voisine des restes de la Rome primitive et de la cabane de chaume religieusement conservée comme la demeure de Romulus. Les poètes de cour ne manquèrent pas de rapprocher les noms d'Auguste et de Numa, dans les vers qui célébraient l'habitation digne d'un dieu.

Auguste avait employé à ses constructions du Palatin des sommes énormes, entre autre les dons qu'il avait acceptés de tout l'Empire ; une pièce d'or de chaque ville, un denier d'argent des citoyens. De ces constructions il ne reste que des ruines, aujourd'hui enfouies sous les jardins et les cyprès de la Villa Mills. La demeure d'Auguste est connue seulement par les descriptions antiques et les fouilles sommaires entreprises au XVIIIe siècle. La façade était tournée vers la vallée du Cirque. L'édifice, malgré ses dimensions extraordinaires, conservait les dispositions des maisons patriciennes, celles de la maison voisine qui fut habitée par Livie. Les appartements étaient groupés autour d'un péristyle à deux étages de colonnes.

Derrière le palais, sur l'autre versant du Palatin, un temple magnifique, dédié à Apollon, élevait ses colonnes de marbre numidique *(giallo antico)* sur une aire rectangulaire entourée de portiques : le Forum de César reproduit en haut d'une colline. Dans ce temple uni au palais, Apollon était honoré comme le dieu protecteur et inspirateur d'Auguste. Il avait conduit à la victoire les galères d'Actium, de même que Mars,

Fig. 72. — Mausolée de Cæcilia Metella, sur la voie Appienne.

vengeur de César, les légions de Philippes. Il était le dieu des lettres et des arts, qui devaient former jusqu'à la postérité la plus reculée le cortège d'Auguste. Le temple fut un musée de sculpture grecque ; l'un des grands bâtiments élevés entre le palais et le temple abrita la fameuse bibliothèque où travaillaient et où conversaient les poètes et les savants pensionnés par l'empereur. Le temple, comme le palais, a disparu. La petite église de Saint-Sébastien, abandonnée au milieu d'une vigne, s'élève à la place du sanctuaire d'Apollon ; les ruines de la bibliothèque dorment dans le calme enclos du couvent de Saint-Bonaventure.

Auguste avait fait préparer de son vivant le mausolée qui devait

recevoir ses cendres. Il en choisit l'emplacement dans les terrains du
Champ de Mars qui restaient inhabités, entre la Via Lata (Corso) et le
Tibre. Un enclos planté de peupliers fut ménagé pour les bûchers funéraires ; en 1777, la démolition d'une maison du Corso mit à nu le sol de ce
lieu de crémation (*ustrinum*), où se trouvaient encore les cippes commémoratifs de plusieurs membres des familles impériales. Avant de disparaître dans les flammes de l'*ustrinum*, Auguste avait conduit à l'enclos
funéraire les corps de ceux qui lui étaient les plus chers, depuis sa sœur
Octavie et son gendre Agrippa jusqu'aux adolescents dont il avait voulu
faire les héritiers de sa puissance, le doux Marcellus, Caïus et Lucius
César, les princes de la jeunesse.

Le tombeau lui-même fut élevé à peu de distance du Tibre. Le caveau
préparé pour recevoir quelques poignées de cendres fut recouvert d'un
énorme cône de terre, véritable *tumulus*, entouré d'une muraille circulaire de marbre blanc et planté jusqu'au sommet de cyprès et de pins.
Cette colline artificielle qui dressait son petit bois toujours vert en face
des jardins du Pincio a été nivelée. Un cirque (Teatro Umberto) s'est
logé dans les restes de l'énorme muraille de marbre ; perdu au milieu de
maisons sordides, entre le Corso et la Via di Ripetta, il conserve la
forme circulaire du mausolée d'Auguste.

Cette forme était celle des antiques *tumuli* étrusques, des énormes
tombeaux gardés par des sphinx ailés comme la *Cucumella* de Vulci.
Ce n'est pas Auguste qui eut le premier l'idée de bâtir pour sa famille et
pour lui-même un mausolée de forme archaïque et mystérieuse. Le tombeau élevé à Cæcilia Metella, la belle-fille du triumvir Crassus, au bord
de la Via Appia, a été construit dans les dernières années de la République (fig. 72). Avant que les Caetani du XIIIᵉ siècle eussent couronné
de créneaux dentelés sa frise de guirlandes et de bucranes, cette tour de
marbre, surmontée d'une coupole ou d'un tertre, devait ressembler au
mausolée impérial dont elle était séparée par toute l'étendue de la ville.
Au temps d'Auguste, les tombeaux des particuliers prirent les formes
les plus bizarres et les plus ambitieuses. Les pyramides furent mises à
la mode dans l'architecture funéraire de Rome, comme elles devaient
l'être à Paris au retour de Bonaparte, par les expéditions d'Égypte. Un
tombeau de pharaon, revêtu de marbre et haut de trente-sept mètres fut
élevé en l'an 12 avant J.-C. à un certain Gaïus Cestius. D'un côté cette
pyramide a été engagée dans l'enceinte d'Aurélien ; de l'autre elle domine
les cyprès du cimetière des protestants (fig. 73). Un grand boulanger, un
affranchi nommé Vergilius Eurysacès, fait bâtir pour lui, entre la Via

Prénestina et la Via Labicana, un tombeau unique en son genre. Cet énorme dé de pierre, élevé devant la Porta Maggiore, est un four avec ses multiples bouches rondes : la frise qui l'entoure met en scène, sur une suite de bas-reliefs en marbre, les diverses manipulations de la farine, de la pâte et du pain, depuis le moulin jusqu'au comptoir de vente. Le mausolée tout entier est un monument triomphal de la boulangerie au

Fig. 73. — Mausolée de Gaïus Sestius.

temps d'Auguste fig. 74 . L'empereur, en élevant son palais et son tombeau, ne faisait qu'imiter le luxe déployé par les patriciens et les parvenus. Malgré leur grandeur digne du pouvoir suprême, les édifices qui devaient servir de résidence à Auguste, avant et après l'apothéose, n'avaient encore rien de surhumain.

Les œuvres d'architecture les plus imposantes qu'Auguste eût consacrées à la gloire de sa race, les temples de Mars vengeur et d'Apollon palatin, étaient des monuments de sa dévotion officielle. La sculpture, comme la poésie, se fit religieuse et patriotique. En même temps que les copies de la statuaire grecque se multipliaient à profusion pour la décoration des portiques et des Forums, les sculpteurs grecs trouvaient des sujets nouveaux à Rome dans le passé légendaire, dans l'histoire de la République, dans les événements du règne. Un autel de marbre aujourd'hui placé dans la cour du Belvédère, au Vatican, résume en trois bas-reliefs les thèmes que développait la poésie officielle. Énée contemple la truie aux trente petits, dont la vue doit signifier au héros voyageur qu'il a trouvé sur une terre hospitalière le terme de son odyssée ; César est enlevé au ciel dans le quadrige des apothéoses ; Auguste et Livie sacrifient aux dieux de la « Maison auguste ».

Autour du temple de Mars vengeur, où avaient été déposés les étendards rendus par les Parthes, l'empereur qui avait reçu l'un après l'autre tous les titres et tous les pouvoirs des anciennes magistratures, fit ériger, sous les portiques de son Forum, les statues des consuls qui avaient fait la grandeur de la République : Appius Claudius, Fabius Maximus, les Scipions figuraient, à côté d'Énée, dans cette galerie héroïque dédiée « à toutes les gloires » de Rome.

Fig. 74. — Tombeau du boulanger Vergilius Eurysacès.

Agrippa éleva les trente-six colonnes du temple de Neptune sur de hauts stylobates engagés dans le soubassement et dont chacun était orné d'un bas-relief représentant une des trente-six provinces de l'Empire. Ces bas-reliefs furent conservés dans la reconstruction d'Hadrien. Les quatorze provinces qui décoraient la base de la colonnade de la Piazza di Pietra ont été successivement retrouvées depuis le milieu du XVIe siècle jusqu'en 1878. Elles ont été dispersées entre plusieurs collections (fig. 75) : l'une d'elles se trouve sous le portique du Palais Farnèse.

Les arts, de concert avec les lettres, célébraient à la fois les victoires de l'empereur et le règne de la Paix. Quand Auguste revint en l'an 13 avant J.-C. de ses campagnes de Gaule et de Germanie, le Sénat vota l'érection d'un autel en l'honneur du triomphateur et voulut le placer dans la Curie même. Auguste consentit seulement à ce qu'un monument commémoratif fût élevé dans ce quartier du Champ de Mars qu'il ne cessait d'embellir, au bord de la Via Lata. Il consacra ce monument à la Paix, en l'an 9 avant J.-C. C'était un autel élevé sur des gradins et

Fig. 75. — Une province de l'Empire (la Germanie ?), Stylobate du Temple de Neptune fondé par Agrippa (Musée des Conservateurs).

entouré d'une haute balustrade de marbre ornée de bas-reliefs. Des fragments importants de cette balustrade ont été retrouvés à plusieurs reprises à côté du palais Fiano, en plein Corso, et sur la place de San Lorenzo in Lucina. Des morceaux décoratifs composés de magnifiques volutes d'acanthe se trouvent encastrés dans le vestibule même du palais Fiano ; ils formaient la décoration intérieure du mur de marbre. Les fragments les plus importants ont été transportés à Florence et se trouvent au Musée des Offices : ils représentent une procession qui faisait le tour de la balustrade : prêtres coiffés d'un bonnet et suivis de leurs « camilles », hommes en toge, couronnés de laurier, femmes voilées d'un

pan de leur *stola*, enfants de tout âge, perdus dans les plis de la toge
prétexte et jouant avec la bulle d'or suspendue à leur cou. Plusieurs
fragments du cortège, récemment exhumés, viennent d'enrichir les collections du Musée des Thermes : ils faisaient partie d'un groupe de licteurs.
La cérémonie, commencée par la procession, s'achevait par un sacrifice :
des fragments remarquables qui représentent les animaux, les victimaires
et les porteurs de corbeilles se trouvent encastrés sous le portique du
palais Fiano et dans la façade de la Villa Médicis qui regarde le
jardin. Cette fête romaine, déployée en manière de frise par des artistes
qui avaient l'habitude de copier des œuvres grecques de l'époque classique, a la beauté simple et familière des Panathénées du Parthénon.

Les monuments triomphaux qui devaient commémorer les victoires
d'Auguste et celles de ses proches étaient décorés de figures aussi calmes
et aussi graves que celles qui défilaient autour de l'autel de la Paix. Il
est impossible de restituer les reliefs de l'arc élevé sur la Via Appia
en l'honneur de Drusus, frère de Tibère : ce monument qui forme une
seconde porte de la ville, derrière la porte fortifiée de San Sebastiano,
n'est plus qu'une informe ruine (fig. 76). Mais deux bas-reliefs d'un arc de
triomphe érigé par Claude sur la Via Lata, en face du portique des Argonautes, bâti par Agrippa, ont été retrouvés sur le Corso devant le palais
Sciarra Colonna ; ils sont conservés à l'entrée du Casino de la Villa
Borghèse. Les soldats qui paraissent sur ces bas-reliefs ne combattent
pas ; ils forment une sorte de procession militaire. Deux arcs de triomphe
à trois arches avaient été élevés sur le Forum en l'honneur d'Auguste ;
l'un commémorait la victoire d'Actium, à côté du temple de César,
devant lequel étaient plantés les rostres pris aux vaisseaux d'Antoine ;
on n'a retrouvé que les fondations de cet arc, entre les soubassements
des deux temples de César et des Dioscures. L'emplacement même du
second arc est inconnu ; mais une médaille montre ses trois arcades
surmontées d'un quadrige conduit par l'empereur et devant lequel
deux Parthes présentaient les enseignes prises à Crassus et qui furent
restituées à l'approche des armées d'Auguste.

Cette victoire sans combat fut célébrée maintes fois par les poètes et
les artistes comme le plus glorieux succès militaire du règne pacifique. La
restitution des étendards est représentée, au milieu d'allégories savantes,
sur la cuirasse d'apparat que porte une statue d'Auguste, en costume de
général romain, qui a été trouvée dans les ruines d'une villa de Livie, à
Prima Porta, et qui compte parmi les chefs-d'œuvre antiques du Musée
du Vatican. Au centre du cercle formé par les figurines sur le plastron

qui moule le torse, un Parthe remet une des aigles à un officier romain, représentant de l'empereur. A droite et à gauche, vers les flancs de la cuirasse, deux barbares assis dans une attitude accablée personnifient les Sicambres et les Cantabres, réduits par Auguste et Agrippa. Plus haut le dieu du Ciel, étendant ses bras chargés de nuages, ouvre la carrière au quadrige du Soleil, précédé par l'Aurore qu'accompagne la Rosée.

Fig. 76. — Arc de triomphe de Drusus.

En bas la Terre est assise, entourée d'enfants, de fruits et de fleurs. A sa droite et à sa gauche, Apollon et Diane, les dieux chers à Auguste, dont l'hymne des Jeux séculaires chantait le couple fraternel, s'avancent, montés l'un sur un griffon, l'autre sur un cerf : ils viennent protéger le monde qui jouit enfin des produits du sol et de la lumière du ciel, dans la sécurité retrouvée sous un maître bienfaisant fig. 77 .

Ces reliefs sont composés avec des centons d'art grec, à la manière d'une ode d'Horace. Le sculpteur, comme le poëte, procède par allusions et par allégories. Un personnage figure tout un peuple, tout un univers. Ces premiers essais d'une sculpture historique à Rome participent encore plus de la poésie officielle que de l'histoire.

Auguste avait consacré à sa propre gloire et à la grandeur de Rome des œuvres dignes de l'immortalité. Sous son règne et sous son inspiration l'art, comme la littérature, avait pris une vie, une richesse et une grandeur nouvelles. Avant Auguste la sculpture ne connaissait guère d'autres sujets romains que les portraits en toges, statues ou bustes ; pour satisfaire au goût de l'empereur, des artistes savants fixent dans un long bas-relief de marbre, autour de l'autel de la Paix, une journée solennelle de la vie romaine. Sculpteurs et architectes ont, pour réaliser leurs projets, des matériaux d'une souplesse et d'une noblesse nouvelles. Quand Auguste se vantait, comme le rapporte Suétone, de laisser rebâtie en marbre la ville qu'il avait reçue bâtie de brique, il ne parlait point par métaphore. Dans la construction des temples, le travertin poreux des édifices de la République avait été remplacé par les marbres grecs et le marbre italien de Luna, le Carrare d'aujourd'hui. D'énormes colonnes monolithes en granit ou en porphyre étaient apportées de Numidie et d'Égypte. Sur les grands fûts complètement polis, les reflets et les luisants remplaçaient les cannelures du marbre blanc et donnaient aux ordres grecs la richesse matérielle et les couleurs précieuses d'une architecture orientale. Le triomphe du marbre fut accompagné à Rome par le triomphe de l'ordre corinthien, le plus fleuri et le plus opulent. Les grands chapiteaux de marbre se couvrirent de feuillages plus touffus et plus souples que ceux des chapiteaux hellénistiques. Cependant l'ordre toscan, ce dorique dégénéré, continua d'être employé non seulement dans les édifices de simple pierre, comme les théâtres, mais aussi dans les basiliques du Forum qui étaient revêtues et parées de colonnes précieuses adossées aux pieds-droits des arcades. L'architecture, comme la sculpture, conserva les formes grecques pures et celles que la République avait déjà italianisées. La seule vue de la rotonde gigantesque bâtie par Hadrien derrière le portique mutilé du Panthéon d'Agrippa fait comprendre qu'au temps d'Auguste l'architecture romaine était loin d'avoir conçu ses œuvres les plus audacieuses.

L'art augustéen ne fut que le commencement de l'art impérial de Rome. Mais déjà, dans ses plans de grand constructeur, Auguste traçait des lignes et plantait des jalons qui devaient diriger les entreprises de ses successeurs. Il avait achevé deux Forums qui s'avançaient hors de la vallée du Forum primitif ; il avait fait du Palatin une acropole impériale ; il avait élevé à sa famille un mausolée où les restes des empereurs qui ne tombèrent pas aux gémonies furent successivement déposés pendant un siècle, jusqu'à l'avènement de Trajan.

L'exemple qu'Auguste avait donné par ses grands travaux d'art ne

Fig. 77. — Auguste, statue trouvée dans la villa de Livie, à Prima Porta. (Musée du Vatican).

devait être que mollement suivi par les héritiers directs de l'empereur. Tibère et Caligula négligèrent la ville pour ne s'occuper que des deux palais qu'ils firent élever sur le Palatin, à quelque distance de la demeure d'Auguste, sur la crête qui regardait le Forum et le Capitole. Les constructions de Tibère et de Caligula ont été longtemps cachées en partie, comme les ruines du palais d'Auguste le sont encore entièrement, sous des jardins, ceux qui appartenaient aux Farnèse. Les fouilles entreprises aux frais de Napoléon III n'ont mis à nu que des substructions voûtées. On a cru distinguer dans le nombre le long couloir souterrain ou crypto-portique, où Caligula fut assassiné. En réalité le palais de Tibère et de Caligula a été reconstruit par les Flaviens et les Antonins, comme le montrent les marques des briques.

Claude ne s'occupa pas même du Palatin ; il fut surtout un constructeur d'aqueducs. Dans le siècle qui suivit sa mort, la Rome d'Auguste, qui avait commencé à faire disparaître la Rome de la République sous des édifices d'une splendeur nouvelle, fut enveloppée par les monuments d'une ville géante, capitale et merveille du monde.

CHAPITRE V

L'EMPIRE

Sous le règne de Néron, le 17 juillet de l'an 64 après J.-C., un incendie éclata dans le quartier du Grand Cirque, au milieu de magasins remplis de matières combustibles. Un torrent de flammes envahit avec une rapidité terrible les quartiers sur lesquels débouchait la vallée du Cirque : le Forum des bœufs et l'Esquilin. Il toucha le Palatin, deborda sur une partie du Forum et couvrit toutes les collines du Sud et de l'Est. Le fléau fit rage pendant six jours et sept nuits ; après un arrêt, il reprit son cours dévastateur pendant trois jours encore. Quand il s'arrêta enfin, les deux tiers de Rome étaient couverts de ruines fumantes. Sur les quatorze régions de la ville d'Auguste, quatre seulement avaient été épargnées : le Champ de Mars, le quartier de la Via Lata, qui s'étendait depuis la grande avenue jusqu'au Pincio, une partie du Quirinal et le Trastevere. Des temples qui remontaient au temps des rois, des milliers de statues grecques, des documents d'histoire et des richesses d'art dont rien ne pouvait compenser la perte, avaient été réduits en cendre. L'incendie allumé par les Gaulois quatre cent cinquante ans auparavant et qui avait détruit une partie de la bourgade défendue par Camille n'était qu'une flambée de chaume en comparaison de cet immense désastre.

Néron fut accusé par la rumeur publique d'avoir fait allumer l'incendie ou du moins d'avoir interdit de l'éteindre. Il se défendit en rejetant l'accusation sur les mystérieux adorateurs d'un certain Chrestus, mis en croix sous Tibère, qui formaient déjà un groupe nombreux dans la colonie juive du Trastevere. Les fidèles de la religion nouvelle, au milieu desquels se trouvait saint Paul, furent emprisonnés en masse. Le soir d'une grande fête que Néron donna dans un cirque inauguré par Caligula au pied de la colline du Vatican, les chrétiens, liés à des poteaux, revêtus de peaux de bêtes et enduits de poix et de résine, servirent de torches vivantes. Les premiers martyrs avaient souffert au lieu même où devait s'élever la basilique de Saint-Pierre.

L'incendie de Rome est devenu, de nos jours, un thème de polémiques. Il s'est trouvé un publiciste pour reprendre l'accusation portée par Néron contre les chrétiens et pour attribuer le désastre au crime de quelques esclaves dont les prédications apocalyptiques auraient fait des espèces d'anarchistes. D'autres ont repris, avec tout l'appareil de la critique historique, le procès de l'empereur incendiaire. En vérité les incendies ont été si fréquents et si violents à Rome, après comme avant le règne de Néron, que pour le plus terrible de tous il est prudent de n'accuser que le hasard.

Néron ne provoqua point sans doute l'incendie de Rome, mais il en profita. Sur l'immense terrain couvert de ruines et de cendres il fit rebâtir une ville neuve, avec des rues plus larges et plus droites, bordées de portiques. Lui-même se fit la part du lion. Le Palatin, avec les demeures d'Auguste et de ses successeurs, que l'incendie avait attaquées, sinon détruites, paraissait trop petit à Néron pour qu'il pût y réaliser ses rêves monstrueux et splendides. Déjà Caligula avait inauguré l'ère des folies impériales en imaginant d'agrandir le Palatin par des constructions aériennes. Il fit jeter sur les édifices du Forum un pont volant qui de toit en toit lui permettait d'aller, en partant de son palais, rendre des visites à son frère Jupiter Capitolin. Il songea même à édifier sur le Capitole une seconde résidence impériale. Néron étendit ses vues dans la direction opposée au Capitole. Dès les premières années de son règne il avait commencé à joindre par des constructions nouvelles le Palatin à l'Esquilin, où les empereurs possédaient, comme un héritage d'Auguste, les jardins de Mécène [1]. L'incendie, en rasant les maisons et les temples dans les vallons qui séparaient le Palatin de l'Esquilin, permit à Néron de réaliser ses premiers projets et de les agrandir démesurément. Sur les cendres de l'incendie s'éleva la « Maison d'or ».

L'entrée du palais se trouvait à l'emplacement occupé maintenant par les ruines du temple de Vénus et de Rome, entre l'arc de Titus et le Colisée (fig. 78). Devant la porte était dressée la statue de Néron, colossale comme la demeure sans pareille et haute de plus de trente-cinq mètres, avec le piédestal [2]. Ce qui étonna le plus les contemporains, ce

---

[1] Ce jardin avait pris la place des terrains funèbres qui servaient, avant Auguste, de cimetière pour les pauvres et les esclaves.

[2] C'est à peu près la moitié de la hauteur totale de la statue-phare de la Liberté éclairant le monde, érigée en 1886 au milieu de la rade de New-York. Le piédestal a 34 mètres et la statue 33.

Fig. 78. — L'Amphithéâtre des Flaviens.

n'est pas la magnificence de l'architecture et l'énormité des sculptures, les incrustations de marbres et de gemmes, les plafonds d'ivoire machinés

Fig. 79. — *Le Colonnacce.* Ruines du portique de Minerve dans le Forum de Nerva.

pour laisser pleuvoir des roses : c'est le parc qui s'étendait derrière le palais. Le vallon creusé en forme de cuvette entre le Palatin, le Célius et l'Esquilin devint un lac alimenté par un aqueduc spécial. Sur les rives de ce lac, des décors imitaient des villes lointaines ; les collines mêmes

étaient couvertes de bois où couraient les cerfs et les sangliers. C'était,
au milieu de Rome, une gigantesque villa, dans une solitude enclose
par des portiques immenses et invisibles.

Cette « Néropolis » tomba avec Néron. La maison merveilleuse et le
parc enchanté furent rendus à la ville et au peuple. Titus établit des
Thermes dans le palais morcelé ; Vespasien éleva dans la cuvette dessé-

Fig. 80. — Forum de Trajan. Ruines de la basilique Ulpia et colonne Trajane.

chée du lac l'Amphithéâtre à qui le moyen âge donna le nom de *Colos-
seum*, qui rappelait le souvenir légendaire du colosse de Néron.

Les bons empereurs qui font oublier Néron s'efforcent de rappeler les
souvenirs d'Auguste. Vespasien relève les temples détruits par le grand
incendie. Après avoir triomphé des Juifs, avec Titus, en l'an 71 après
J.-C., il ferme à son tour le temple de Janus et derrière la basilique
Æmilia, dans le quartier contigu au Forum où l'incendie avait fait
des vides, il bâtit un temple à la Paix. L'enceinte de ce temple devient
un nouveau Forum impérial, qui reste séparé de celui d'Auguste par la
rue de l'*Argiletum*, bordée de maisons. Temple et Forum furent détruits

par un incendie sous l'empereur Commode en l'an 191. Rien ne reste du Forum de Vespasien, dont l'axe est à peu près indiqué sur le plan de la ville moderne par la via Alessandrina.

La construction des Forums impériaux, abandonnée par les successeurs d'Auguste, se trouvait reprise ; elle fut continuée par les successeurs de Vespasien jusqu'à Trajan, qui acheva la série de ces portiques

Fig. 81. — Mausolée d'Hadrien (château Saint-Ange) et pont Ælius (pont Saint-Ange), avant la construction des nouveaux quais.

et de ces temples par un ensemble d'édifices d'une grandeur inouïe. Domitien avait réuni le Forum de Vespasien au Forum d'Auguste en fondant à la place de la rue de l'*Argiletum* un temple dédié à Minerve, qu'il entoura de portiques. Ce Forum, dit de passage (*transitorium*), fut achevé par Nerva. Le temple a été détruit au XVIe siècle : il reste du portique une colonnade profondément enterrée, à l'angle de la via Alessandrina et de la via della Croce Bianca : le peuple a appelé cette ruine les « grosses colonnes », *le Colonnacce*. Le portique d'ordre corinthien est dominé par une statue de la déesse armée : sur la frise des groupes de femmes élégamment drapées représentent Minerve enseignant aux mortelles l'art de filer et de tisser ou présidant l'assemblée des Muses (fig. 79). Renan eût pu se souvenir de ce bas-relief mutilé lorsqu'il invoquait, dans la « Prière de l'Acropole », Athéna Erganè et Archégète.

Fig. 82. — Le Temple de Jupiter Capitolin, rebâti par Domitien.
Au premier plan, Marc-Aurèle offrant un sacrifice (Musée des Conservateurs).

A l'avènement de Trajan, successeur de Nerva, son père adoptif, les trois Forums impériaux formaient une suite magnifique d'esplanades, de portiques et de temples qui se développait presque parallèlement à l'ancien Forum et qui était prolongée dans la direction du Sud par le groupe colossal des édifices d'utilité publique élevés à la place de la Maison d'Or de Néron. La foule qui venait des thermes de Titus et du Colisée n'avait qu'à franchir les portes triomphales des hautes enceintes qui séparaient les Forums des empereurs pour passer du Forum de la Paix au Forum de Minerve et au Forum de Mars vengeur. Mais le flot populaire, une fois répandu dans ce dernier Forum, le Forum d'Auguste, ne trouvait de large issue que du côté du Forum de César et du Forum romain. Un dos de colline qui unissait à la manière d'un isthme les rochers du Capitole et la colline du Quirinal s'élevait entre le Forum

Fig. 83. — Entablement du Temple de Vespasien et Titus, bâti par Domitien au Forum.
(Musée du *Tabularium.*)

d'Auguste et la plaine du Champ de Mars, qui, avec sa large avenue, ses portiques, ses temples, ses thermes, ses théâtres, était de l'autre côté de l'obstacle, comme le prolongement naturel des Forums impériaux. Trajan eut une idée digne d'un pharaon ou d'un Xerxès : il ordonna d'entailler la colline sur une largeur de 200 mètres environ. Les terrassiers creusèrent jusqu'à 45 mètres de profondeur. L'énorme masse des déblais, qui a été évaluée à 850 000 mètres cubes de terre et de pierre, fut transportée, tombereau par tombereau, derrière le Pincio.

Sur l'esplanade qui avait remplacé la colline, Trajan établit un nouveau Forum qui dépassa de loin en grandeur et en magnificence les

autres Forums impériaux. L'architecte fut un Grec d'Orient, Apollodore
de Damas. Un arc de triomphe gigantesque surmonté d'un quadrige et
d'un petit bataillon de soldats romains faisait communiquer le Forum de
Trajan avec le Forum d'Auguste. L'arche de cette porte monumentale
donnait accès dans une aire de plan carrée, entourée de portiques et pro-

Fig. 84. — Entablement et frise du temple d'Antonin et Faustine au Forum.

longée vers l'Ouest et vers l'Est par deux énormes absides, analogues à
celles du Forum d'Auguste, et dont les murailles semi-circulaires, pré-
cédées de portiques, servaient de mur de soutènement à la colline éven-
trée. Une de ces absides est encore visible, du côté du Quirinal. Le premier ensemble de portiques n'était qu'un immense *atrium* ; il précédait
le monument central, une basilique à cinq nefs, dont l'axe était perpendi-
culaire à l'axe du Forum tout entier et qui se terminait par deux grandes
absides, disposées à côté de celles de l'*atrium*. Le plan des nefs est encore
lisible sur le terrain qui a été déblayé jusqu'à la base des piliers. En

traversant la basilique par de larges portes surmontées de frontons et de statues, on arrivait dans une sorte de cour assez étroite et entourée d'une colonnade, qui était ménagée entre deux hautes constructions, des bibliothèques, dont l'une était grecque et l'autre latine. Dans l'enceinte de la petite colonnade, Trajan fit ériger une colonne géante, plus haute que les édifices dont elle était flanquée. Cette colonne fut destinée à commémorer à la fois les victoires de l'empereur et la construction du nouveau Forum. L'inscription gravée sur la base du monument apprend que la hauteur de la colonne est égale à celle de la colline supprimée par la volonté de Trajan (fig. 80). D'après Dion Cassius, l'urne d'or qui contenait les cendres de l'empereur fut déposée dans le piédestal de la colonne géante, qui devint le mausolée de Trajan, élevé dans son Forum. Derrière la colonne, Hadrien éleva un temple à Trajan.

Fig. 85. — Chapelle funéraire, dite temple de Rediculus.

Le Forum d'Auguste ne formait plus au commencement du IIe siècle que le motif central d'un vaste ensemble d'architecture auquel Vespasien, Domitien, Nerva et Trajan avaient attaché leurs noms. Sur le Palatin la grande maison patricienne qu'Auguste avait fait élever pour lui et les siens fut entourée de palais gigantesques dont Domitien commença la construction. Les autres Flaviens rebâtirent, en les agrandissant, les palais de Tibère et de Caligula, qui regardaient le Capitole. Entre ces palais et l'ancienne demeure d'Auguste, et au delà de cette demeure, jusqu'à l'extrémité de la colline, Trajan et Hadrien élevèrent de nouvelles constructions. Septime Sévère acheva magnifiquement la série des palais et des édifices qui avaient couvert en deux siècles tout le plateau de l'acropole impériale. A l'exemple de Caligula, mais du côté opposé du Palatin, il agrandit artificiellement la colline en suspendant une haute terrasse sur un portique à trois étages. L'audacieuse construction prit le nom de *Septizonium*, dont le sens reste obscur : pour arriver à trouver sept étages ou zones dans l'édifice de Septime Sévère, il faudrait compter en plus des trois portiques superposés leur soubassement et leur triple entablement. Le *Septizonium* élevé devant l'extrémité de la colonne qui s'avançait en éperon vers le Sud alignait ses colonnes en face de la large avenue à laquelle venait aboutir la voie Appienne. Les voyageurs qui arrivaient de l'Afrique et d'Orient à Rome voyaient de loin, comme un décor de fond qui leur masquait les palais et les temples, cette façade inutile et superbe érigée par un empereur qui était un Africain.

Le *Septizonium* de Septime Sévère resta debout jusqu'à la fin du XVI siècle : il fut démoli par ordre de Sixte V qui employa les restes de la gigantesque colonnade dans plusieurs de ses grandes constructions. Les palais mêmes des Flaviens et des Antonins n'ont laissé que des pans de murs, des morceaux de voûtes, des colonnes redressées çà et là dans les restaurations du XIX siècle. Cependant les vestiges de la Rome impériale sont encore assez distincts pour permettre de reconstruire sur des bases solides l'image du vaste quartier qui formait le centre de la ville.

Avant Auguste le seul ensemble d'édifices qu'un Grec pût regarder dans Rome, avec une curiosité d'artiste, était formé

Fig. 86. — Chapelle funéraire, dite Sant'Urbano alla Caffarella.

par le Capitole et le Forum. Au temps de Septime Sévère le quartier officiel et monumental avait grandi en tout sens. Un visiteur parti du Colisée pouvait traverser la vallée du Grand Cirque dans toute sa longueur, parcourir le Palatin, descendre la Voie Sacrée et monter au Capitole par le chemin des triomphateurs, passer d'un Forum impérial à l'autre jusqu'à l'extrémité du Forum de Trajan : dans les vallons et les hauteurs, à la place de la colline dont Trajan avait fait une esplanade, plus de maisons de rapport, à peine quelques-unes de ces villas qui au temps de César brillaient parmi les jardins du Palatin. De tous côtés des palais destinés à l'empereur et à la cour, des temples, des basiliques, des portiques. Ni Pergame, ni Alexandrie n'avaient pu montrer une pareille profusion d'édifices consacrés aux dieux, au prince et au peuple.

Au delà du Capitole, Flaviens et Antonins continuent l'embellissement du Champ de Mars. Une série de monuments nouveaux s'alignent devant les monuments du temps d'Auguste. Néron avait bâti, à côté des thermes d'Agrippa, d'autres thermes qui furent rebâtis entièrement par Alexandre Sévère. Domitien établit non loin du vieux cirque de Flaminius un stade dont la Piazza Navona conserve la forme elliptique ; il construisit encore un Odéon pour les concours de musique et de poésie. Ces monuments

Fig. 87. — L'Amphithéâtre des Flaviens (Colisée).

n'ont laissé aucune ruine appréciable. A quelques pas au nord du temple de Neptune, bâti par Agrippa, Antonin le Pieux établit le lieu de crémation (*ustrinum*) de sa famille ; il érigea à côté de cet enclos une haute colonne de granit surmontée de sa statue. Les tronçons de la colonne et les bas-reliefs de la base ont été retrouvés au commencement du XVIIIe siècle sur la place de Monte-Citorio. Une colonne monumentale, copie de la colonne Trajane, est encore debout sur la place voisine (Piazza Colonna) : cette colonne, souvent appelée colonne Antonine, fut élevée à côté de la Via Lata par Marc Aurèle.

Un large espace fut laissé libre jusqu'à la fin de l'Empire, entre l'assemblée des grands monuments et le Tibre : le Mausolée d'Auguste

demeura isolé au milieu de la partie de la plaine qui restait promenade publique. Mais plusieurs monuments furent élevés au delà du
fleuve. Hadrien bâtit sur la rive droite du Tibre le mausolée massif dont
les papes ont fait le château Saint-Ange. Un pont nouveau (*Pons Ælius*),
qui devint au moyen âge le pont Saint-Ange, relia l'entrée du mausolée
au quartier du Champ de Mars : c'est le pont le plus reculé en amont qui

Fig. 88. — L'Arène et les dessous de l'Amphithéâtre des Flaviens.

ait été jeté dans l'antiquité en face de Rome (fig. 81). Un cirque fut établi
par Hadrien au delà du mausolée ; son emplacement occupe le milieu du
moderne quartier des Prati. Un autre cirque, celui de Caligula, où Néron
donna des fêtes sanglantes, se trouvait au pied du Vatican. Un troisième
cirque fut bâti hors de Rome, dans une direction tout opposée, par l'un
des derniers empereurs païens, Maxence, qui le dédia, en l'an 309, à la
mémoire de son fils Romulus : des ruines très importantes de ce cirque
ont été dégagées au XIXᵉ siècle près de la Via Appia, à deux milles du
faubourg antique. Ainsi des monuments destinés à recevoir une foule
s'étaient avancés à quelque distance des habitations, sur l'une et l'autre
rive du Tibre.

Les derniers de ces monuments impériaux qui s'accumulaient dans la ville et qui parfois débordaient ses limites furent fondés par des empereurs qui n'avaient plus leur résidence à Rome et qui y venaient en étrangers. Dioclétien construisit sur le Quirinal, en l'an 305, des thermes immenses dont les ruines regardent aujourd'hui la grande gare de chemin de fer. Constantin acheva au Forum romain une énorme basilique commencée par Maxence : il éleva sur la Voie Sacrée, près du Colisée, un grand arc de triomphe ; il bâtit à son tour sur le Quirinal des thermes, dont quelques restes ont été retrouvés près du palais royal. Cette architecture de

Fig. 89. — Thermes de Dioclétien.

l'Empire romain, qui dura trois siècles, resta fidèle, pour une série d'édifices, aux formes gréco-italiennes adoptées depuis les derniers siècles de la République ; mais dans ses constructions les plus puissantes et les plus hardies, elle mit en usage des procédés nouveaux pour l'Occident pour créer des œuvres dont les ruines démesurées font oublier d'abord les fragments plus nobles de l'art augustéen et restent pour le voyageur et pour l'histoire les monuments indestructibles de la grandeur romaine.

Depuis la mort de Néron jusqu'au milieu du IIe siècle nombre de temples furent reconstruits ou fondés dans le Forum romain et sur le Capitole. La plupart des édifices religieux construits par les Flaviens et les Antonins ne diffèrent des monuments du temps d'Auguste que par la richesse surabondante de la décoration sculptée.

Le temple de Jupiter Capitolin, qui n'avait pas été atteint par l'incendie néronien, fut brûlé, dans l'année qui suivit la mort de Néron 69, par les soldats de Vitellius. Vespasien fit rebâtir aussitôt l'édifice, en conservant exactement les proportions et le nombre des colonnes. Moins de dix ans après sa consécration, le nouveau temple fut détruit, sous Titus, dans le grand incendie de l'an 80. Domitien le rebâtit plus magnifiquement. Ce temple, qui domina Rome jusqu'au Vᵉ siècle, a disparu : son image est conservée sur quelques monnaies d'argent de Domitien ainsi que sur

Fig. 95. — Les Thermes de Caracalla, vus de la villa Mattei.

un bas-relief qui provient d'un arc de triomphe de Marc-Aurèle et qui a été transporté au Palais des Conservateurs. Derrière le groupe formé par l'empereur, voilé de sa toge à la manière des pontifes, et par les « camilles » et les sacrificateurs, le temple du Capitole se dresse, à côté d'un portique sur lequel étaient sculptés ou peints des jeux de bestiaires. La représentation du temple est simplifiée : la façade ne compte que quatre colonnes, au lieu de six. Mais les trois portes de la triple *cella* sont encore disposées comme celles du temple étrusque bâti par le roi Tarquin. Le fronton est chargé de sculptures. Jupiter trône sur l'aigle, entre Junon et Minerve, adorées à ses côtés dans le triple sanctuaire. Le Soleil et la Lune, pressant les chevaux de leurs quadriges, s'avancent vers la trinité divine (fig. 82).

Au pied du Capitole Domitien bâtit un temple dédié à son père

Vespasien et à son frère Titus. Trois colonnes sont encore debout et supportent un angle de l'entablement. Un morceau plus important de cet entablement est conservé à côté des ruines du temple, dans le petit musée du *Tabularium*; il est intéressant de le comparer au fragment d'entablement qui repose encore sur les trois colonnes du temple de Castor et Pollux. La corniche de l'édifice de Domitien est beaucoup plus chargée

Fig. 91. — Thermes de Caracalla.
Au 1ᵉʳ plan, ruines du *Caldarium*; au 2ᵉ, *Tepidarium*; au 3ᵉ, *Frigidarium*.

de sculpture que celle de l'édifice augustéen : pas un pouce carré de marbre ne reste nu. Dans le plus ancien des deux temples, la frise est lisse et polie ; dans le second elle est couverte de reliefs : entre des bucranes qui sont de vraies têtes de bœufs copiées d'après les restes des sacrifices, le sculpteur a étalé l'appareil du culte : bonnet de prêtre à jugulaire, chasse-mouches, aiguière, patène, coutelas et hache d'abattoir (fig. 83).

Le seul temple qui dresse encore dans le Forum toute la colonnade de sa façade est celui que le Sénat dédia en 161 à Antonin le Pieux et à sa femme Faustine. L'inscription est gravée sur la frise que portent les six colonnes de marbre cipollin. La *cella*, dans laquelle s'est logée l'église de San Lorenzo in Miranda, a conservé son revêtement en grands blocs de marbre de Carrare et sa frise, délicatement ornée de rinceaux et de griffons (fig. 84).

Jusqu'au IIe et au IIIe siècle de l'Empire, le type des petits temples ronds, d'origine italiote, fut reproduit à côté du type commun des grands

Fig. 92. — Thermes de Caracalla. Ruines du *Caldarium*.

temples rectangulaires. Les dernières fouilles du Forum ont fait retrouver devant la basilique de Constantin, au bord de la Voie Sacrée, un fragment d'un *tholus* de Bacchus, rebâti par Antonin le Pieux ; de même que le temple voisin de Vesta, cette chapelle était entourée d'une colonnade circulaire d'ordre corinthien.

Pour les tombeaux, comme pour les temples, les architectes de l'époque impériale conservent des types adoptés sous le règne d'Auguste et au temps de la République. Dans le vallon de l'Almo ou *valle della Caffarella*, entre la Voie Appienne et la Voie Latine, s'élèvent, près d'un petit bois de chênes verts, deux chapelles funéraires en brique, de proportions gracieuses. L'une a passé pour un temple élevé au dieu Rediculus, le dieu de la Retraite, pour commémorer le départ d'Annibal, dont l'armée se serait avancée jusqu'à ce vallon (fig. 85). L'autre a été transformée au Xe ou au XIe siècle en une église dédiée au pape saint Urbain (fig. 86). Ces deux chapelles sont probablement deux des monuments commémoratifs que le Grec Hérode Atticus, l'homme le plus riche du temps de Trajan, éleva à sa femme Annia Regilla sur les terres que celle-ci possédait le long de la Via Appia. L'un et l'autre de ces *tempietti* isolés en pleine campagne reproduisent encore les formes de la chapelle funéraire de Bibulus, bâtie hors de l'ancien *agger*, au pied du Capitole.

Le mausolée qu'Hadrien bâtit pour lui et pour ses descendants sur la rive droite du Tibre fut imité du mausolée d'Auguste, qui dominait la rive opposée du fleuve. Il se composait d'un énorme cylindre de pierre élevé sur une base carrée, à la manière du tombeau de Cæcilia Metella. Le tumulus qui montait en gradins au-dessus de la tour était une construction de pierre, surmontée d'un quadrige de bronze doré. Le mausolée transformé en forteresse a perdu dans les guerres étrangères et civiles son revêtement de marbre et sa ceinture de pilastres. Les statues qui le couronnaient ont été jetées sur les Goths de Vitigès et leurs morceaux ont jonché le fossé. La chambre funéraire où furent déposées les cendres de tous les empereurs, depuis Hadrien jusqu'à Caracalla, est vide.

L'arcade combinée avec les ordres grecs avait été employée sous le règne d'Auguste à la construction du théâtre de Marcellus. Le même système d'architecture fut appliqué au revêtement extérieur du gigantesque amphithéâtre des Flaviens, fondé par Vespasien et dédié par Titus, qui y donna en l'an 80 des jeux prolongés pendant cent jours. Mais cet amphithéâtre, — le Colisée, — s'éleva au-dessus de tous les monuments augustéens comme un Titan au-dessus d'une poignée de héros. Le théâtre de Marcellus avait, à l'extérieur, deux étages d'arcades et de colonnes, comme le *Tabularium* du Capitole et les grandes basiliques du Forum : un ordre dorique et un ordre ionique. A l'extérieur du Colisée l'ordre dorique et l'ordre ionique du rez-de-chaussée et du premier étage sont surmontés d'un ordre de colonnes corinthiennes et d'un ordre de pilastres corinthiens, ce dernier plus élancé et plus élevé que les trois autres. Ces quatre étages d'ordres grecs se sont conservés intacts sur la partie du monument qui regarde le Nord (fig. 87). Au-dessus des pilastres du quatrième étage et entre ces pilastres, des consoles percées de trous qui sortent de la muraille supportaient des mâts destinés à la manœuvre des

cordages qui tendaient au-dessus des gradins un immense velum : ces
màts formaient au-dessus des quatre étages d'arcades et de colonnes une
dernière colonnade fine et aérienne comme celles qui étaient peintes sur
les parois des hôtels patriciens. Des statues étaient rangées, à tous les
étages, sous chacune des arcades.

Fig. 93. — Les Dioscures du Quirinal. Statues colossales provenant des Thermes de Constantin.

Il est impossible de savoir dans quelle mesure l'amphithéâtre des
Flaviens a reproduit les plans de l'amphithéâtre de pierre bâti sous
Auguste par Statilius Taurus, non loin du théâtre de Marcellus. L'amphithéâtre porte un nom grec, mais il constitue un type d'édifice tout romain
par ses dispositions comme par sa destination. Il est composé, ainsi que
le mot l'indique, de deux théâtres dont les hémicycles de gradins sont
opposés et réunis de manière à dessiner une courbe fermée. Les scènes
ont disparu ; les combats et les meurtres ne sont plus relégués dans la
coulisse. Il faut que de toutes parts le peuple voie tuer et mourir. La
scène devient une arène, qui rappelle le stade des courses par son tracé
elliptique. Mais l'amphithéâtre diffère du cirque en ce que son arène n'est
pas divisée par le mur de la *spina*, autour duquel tournent les chars.

L'amphithéâtre n'est pas fait pour les courses, mais pour les mêlées.

Le Colisée est romain par sa grandeur. Il a 48ᵐ,50 de haut, 188 mètres de long sur le grand axe de son plan elliptique ; l'arène mesure 86 mètres sur 54. D'après les mesures les plus rigoureuses des archéologues modernes, l'amphithéâtre pouvait contenir environ 50 000 spectateurs.

Fig. 94. — Fontaine monumentale de la place Vittorio-Emmanuele (« trophées de Marius »).

La division des places correspondait à la hiérarchie romaine, au temps de l'Empire. Deux loges se faisaient face sur le petit axe de l'ellipse, l'une réservée à l'empereur et à ses familiers, l'autre aux magistrats les plus élevés. Une plate-forme circulaire suffisamment élevée au-dessus de l'arène recevait les sièges destinés aux sénateurs et aux vestales. Le premier étage des gradins de pierre était occupé par les chevaliers, le deuxième par les bourgeois ; plus haut une estrade en planches recevait le menu peuple. Enfin les femmes trouvaient place sur une large plate-forme de bois, soutenue par une colonnade érigée sur la muraille qui séparait le deuxième étage de gradins du troisième.

Les quatre-vingts arcades inférieures étaient de larges portes qui donnaient accès aux gradins. Quatre de ces portes, placées sur les deux
axes de l'arène elliptique, étaient réservées aux spectateurs des loges et
de la plate-forme d'honneur. Les soixante-seize autres portent encore
un numéro d'ordre gravé sur l'archivolte : des contre-marques corres-
pondantes étaient distribuées et permettaient à la foule de se diviser dès
l'entrée. Puis le flot populaire était canalisé par un système de couloirs

Fig. 95. — Fontaine monumentale du jardin des Licinii, dite temple de *Minerva Medica*.

et d'escaliers dont l'enchevêtrement varie d'étage en étage. Dans l'amphithéâtre où débouchent de toutes parts les entrées de ces *vomitoria*,
des escaliers taillés dans les gradins et des promenoirs qui circulent
entre les différents étages permettaient à chacun de trouver un siège
sans encombre.

La distribution des voies rayonnantes ou circulaires, parallèles ou
montantes, qui desservaient les étages de l'amphithéâtre a été combinée
avec cet esprit d'organisation qui a permis aux Romains d'administrer le
monde. Jamais les Grecs n'avaient rien imaginé de pareil. Leurs stades
s'étageaient le long des collines, comme les gradins du Grand Cirque.

appuyés aux flancs du Palatin et à l'Aventin. Les architectes du Colisée ont élevé leur monument dans le bassin du lac artificiel où se reflétait la Maison d'Or de Néron, ils ont mis à profit peut-être le creux le plus profond pour y établir les « dessous » de l'amphithéâtre, ces loges et ces couloirs dont les murs ont été mis à nu sur une partie de l'arène ; c'est là que se trouvaient les cages des bêtes et les décors qui surgissaient à un signal donné pour élever sur le sable un paysage de rochers ou de forêts, dans

Fig. 96. — Entrée du palais des Flaviens au Palatin.

lequel les fauves bondissaient comme au désert ou dans la jungle. Ces substructions étaient couvertes en partie par des voûtes, en partie par des trappes sur lesquelles s'étendait le sable de l'arène (fig. 88). Autour de cette arène il avait fallu élever une véritable montagne artificielle qui portait les gradins et que traversaient les tunnels des galeries et des escaliers.

L'art grec n'avait donné aucun modèle pour un pareil système de construction voûtée. L'Orient hellénisé connaissait l'arcade ; il n'employait pas à de grands édifices la voûte en berceau. Les Étrusques eux-mêmes n'avaient construit sur leurs chambres funéraires que des voûtes établies en encorbellement, par assises parallèles, comme celle du très ancien réservoir du Capitole, dit le Tullianum, ou des arcades régulièrement appareillées. Au Colisée les arcades de l'ordonnance extérieure sont assem-

blées à joints vifs, sans ciment, et tiennent, comme les anciennes voûtes
étrusques, par la seule coupe des pierres. Les voûtes intérieures sont
construites d'une manière absolument différente. Murs et pieds-droits
forment un massif bétonné, composé de blocage de pierrailles et de
ciment coulé dans des cadres de brique. Les voûtes sont bâties de même,

Fig. 97. — Bassin et surtout monumental dans le *triclinium* du palais des Flaviens au Palatin.

avec cette seule différence qu'un cintre courbe en charpente reçoit la
coulée de blocage et la maintient jusqu'à ce qu'elle ait « pris » et se trouve
solidifiée. Le cintre enlevé, mur et voûte ne forment qu'un bloc, tout
entier composé de couches horizontales comme les stratifications d'un
rocher ou d'un terrain. La voûte, ainsi moulée, se comporte comme une
véritable caverne creusée par la nature dans une masse géologique. L'édifice, avec ses pleins et ses vides, est, suivant le mot de Viollet-le-Duc,
un monolithe artificiel.

Ce procédé de construction se prêtait aux plus grandes entreprises :
il était simple, rustique et expéditif. Dix ans suffirent pour achever le
Colisée. La voûte de blocage ne demandait que des bras et un ciment

capable d'atteindre en séchant à la dureté des laves ; tel fut le ciment romain, nourri de tuf volcanique. Les origines de la voûte en brique et en blocage moulé sont encore obscures ; dès les derniers siècles de la République, les Romains avaient employé une sorte de béton pour élever le soubassement des temples et pour former les voûtes d'un édifice comme le Tabularium. Mais le Colisée est à Rome le premier exemple bien conservé d'un édifice énorme, simplement revêtu à l'extérieur d'un parement en pierre d'appareil et dont la masse profonde n'est qu'un système de voûtes en blocage. Ce système fut employé, après Vespasien, pendant quatre siècles, à la construction d'édifices très divers par leur destination et par leur plan. En face des temples dont les colonnes à chapiteaux grecs portent un entablement droit, les grandes constructions voûtées de l'Empire sont les monuments d'une architecture toute romaine.

Comme le Colisée, les Thermes étaient destinés à la distraction des innombrables oisifs qui vivaient sur leur patrimoine ou étaient nourris par la munificence régulière des empereurs. Le citoyen devenu sujet ne manquait point à l'amphithéâtre les jours de fête, aux bains les jours ordinaires. Les Thermes étaient un lieu de réunion : ils étaient, en dehors de la suite des Forums impériaux, d'autres Forums, entourés de portiques, et dont le monument central n'était plus un temple, mais une sorte de gigantesque Casino.

Dans les trois siècles de l'Empire, six grands Thermes furent élevés à Rome, les uns au centre même de la ville près des Forums impériaux, les autres au Champ de Mars ou dans les faubourgs, à l'extrémité du Quirinal et au delà du Célius. De ces énormes édifices, bâtis par Néron, Titus, Trajan, Caracalla, Dioclétien et Constantin, deux seulement ont laissé des ruines importantes. Les Thermes que Dioclétien bâtit sur le Viminal furent les plus grands de Rome et du monde. Ils contenaient plus de deux mille sièges de marbre pour les baigneurs. Les ruines des hautes salles se dressent encore en face de la gare : elles sont les premiers restes de l'antiquité que le voyageur rencontre en débarquant dans la ville moderne. Les Thermes de Dioclétien ont donné leur nom à la grande place au milieu de laquelle s'ouvre majestueusement la Via Nazionale. Cette place même, toute bordée de maisons neuves, a gardé le plan demi-circulaire de la grande exèdre qui s'avançait au milieu de l'un des portiques de l'enceinte des Thermes. Deux édifices ronds qui s'élevaient aux extrémités de ce portique comme des tourelles d'angle font saillie, l'un sur la Via Viminale, l'autre sur la piazza San Bernardo ; le premier est englobé dans les constructions d'une grande prison ; l'autre est occupé par une petite église. Quant à l'édifice même des Thermes, après avoir servi de Chartreuse, il est devenu le Musée National où les trésors d'art de la galerie Ludovisi sont venus rejoindre les débris précieux exhumés chaque année dans les fouilles officielles. Au-dessus du massif des ruines s'élève encore une haute et longue nef croisée par un transept (fig. 89).

Fig. 98. — Portique derrière le palais des Flaviens, sur le Palatin.

C'est l'ancienne galerie centrale des Thermes, le *Tepidarium* à l'atmosphère toujours tiède. Michel-Ange en a fait, sous Pie IV, l'énorme église des Chartreux, Santa Maria degli Angeli : il n'a eu qu'à restaurer les larges voûtes d'arêtes et à redresser les colonnes de granit.

Les Thermes de Dioclétien n'étaient qu'une reproduction, encore agrandie, des Thermes bâtis par Caracalla à quelque distance du Grand Cirque, dans le faubourg que traversait la Via Appia. Ce dernier édifice a laissé des ruines gigantesques, dont les pans de mur se dressent comme des tours démantelées au-dessus des jardins et des vignes (fig. 90).

Une visite aux Thermes de Caracalla permet de reconstituer par la pensée l'un des monuments dédiés par les empereurs aux plaisirs de leurs sujets. Trois grandes salles disposées parallèlement l'une à l'autre et flanquées de vestiaires et de dépendances diverses recevaient les baigneurs ; au centre le *Tepidarium*, la salle tiède, de plan rectangulaire, était la plus haute et la plus majestueuse : des portiques, alignés perpendiculairement à l'axe, divisaient l'énorme vaisseau en trois nefs ; la partie centrale était couverte de voûtes d'arêtes, comme dans les Thermes de Dioclétien. Au

Fig. 99. — Stade du Palatin.

Nord, le *Frigidarium*, égal en longueur à la salle du milieu et traversé par des portiques analogues, abritait sous une voûte plus basse la piscine froide (fig. 91). Au Sud, une puissante rotonde couverte d'une coupole était séparée de la salle tiède par des vestibules chauffés. Les murs circulaires de la rotonde et la coupole même étaient doubles et laissaient circuler sous leur revêtement l'air chaud répandu par un calorifère souterrain. Il ne reste de la rotonde que deux énormes pylones de maçonnerie (fig. 92). A l'ouest et à l'est des trois salles qui étaient les Thermes proprement dits, c'est-à-dire les bains, deux grands péristyles à ciel ouvert, entourés de boutiques, étaient disposés pour les jeux gymniques : le pavement de l'un de ces péristyles était composé d'une mosaïque représentant les athlètes fameux ; cette mosaïque a été transportée au premier étage du Musée du Latran. Le bâtiment au-dessus duquel s'élevaient la nef du *Tepidarium* et la coupole du *Caldarium* était entouré d'une large esplanade, enclose par un portique carré de 300 mètres de côté. Deux exèdres semi-circulaires, plus grandes que celles des Forums d'Auguste et de

Fig. 100. — Grande exèdre du Stade du Palatin.

Trajan, s'arrondissaient l'une en face de l'autre ; avec une rangée de gradins disposés sur l'une des faces du portique, elles formaient l'amphithéâtre d'un stade pour la course à pied. Les Grecs qui traitaient les athlètes en héros, n'avaient jamais songé à élever des monuments d'une grandeur asiatique pour les jeux virils et pour leurs spectateurs désœuvrés. Quant au monde moderne, il ne reverra la pompe des Thermes romains que le jour où un Mécène d'Amérique, riche comme un César, aura doté quelque Université d'outre-mer d'un Palais des Sports.

Aujourd'hui les seuls édifices qui puissent donner l'idée d'un *Tepidarium* ou d'un *Caldarium* de l'antiquité sont les halls et les rotondes d'une Exposition Universelle, si on les suppose bâtis pour l'éternité. Comme les constructions éphémères des grandes foires modernes, les murs de brique et de blocage qui ont résisté aux siècles étaient revêtus d'une parure polychrome et étincelante ; seulement, dans les Thermes romains, les lambris et les colonnes étaient des marbres précieux, les mosaïques des pavements et des niches étaient des travaux d'artistes, les bas-reliefs et les statues étaient des chefs-d'œuvre originaux ou des copies savantes. Les statues colossales des Dioscures, avec leurs chevaux, qui sont érigées devant le Quirinal, ont été trouvées non loin de là dans les ruines des Thermes de Constantin : elles formaient, non point un groupe isolé, mais un haut relief adossé à une paroi (fig. 93). Le cardinal Farnèse plus tard Paul III fit fouiller au XVIe siècle les Thermes de Caracalla pour enrichir sa collection d'antiques : il retrouva des marbres gigantesques comme les

Fig. 101. — Palais de Septime Sévère au Palatin.

ruines du monument : le Taureau et l'Hercule Farnèse, qui ont été transportés au Musée de Naples.

L'eau que dix-neuf aqueducs déversaient dans la ville au temps de Constantin ne servait pas seulement à l'alimentation du peuple et au bien-être des baigneurs. Des fontaines monumentales, dont l'architecture massive et richement parée de marbres et de statues rappelait celle des Thermes, répandaient l'eau et la faisaient jaillir pour le rafraîchissement des jardins et des places. Les ruines de deux de ces fontaines ont été conservées et dégagées dans le quartier neuf bâti le long du chemin de fer qui conduit à la gare centrale. L'une s'élève au-dessus d'un bouquet d'arbres, dans le square de la place Vittorio-Emmanuele. Le bassin où

se reflètent les murs de brique rousse se trouvait dans l'antiquité du côté
opposé de la fontaine, devant une autre place, où se rencontraient quatre
avenues. Le monument, qui remonte sans doute au temps des Flaviens,
était orné de trophées de marbre que Sixte-Quint fit transporter sur la
balustrade de la place du Capitole : cette décoration triomphale avait valu à
la fontaine son nom populaire de *Trophées de Marius* (fig. 94). Une autre

Fig. 102. — Rotonde du Panthéon, bâtie par Hadrien. Vue intérieure.

fontaine située à quelques pas du chemin de fer passe encore pour un
temple, celui de Minerva Medica ; mais les seules déesses à qui le monument
a pu être consacré sont les nymphes qui présidaient aux jeux des eaux.
La fontaine en question se trouvait dans les jardins des Licinii, ouverts au
public. Elle a la forme et les dimensions d'un *Caldarium* des grands Thermes. C'est une rotonde autour de laquelle sont disposées dix absidioles en
forme de niche et qui était surmontée d'une coupole (fig. 95).

Philostrate, dans sa vie du thaumaturge Apollonius de Tyane, décrit
le peuple des courtisans et des affranchis qui se pressaient sur le Palatin
pour faire leur cour à l'empereur : on croirait voir, dit-il, la foule qui

remplit les Thermes. Pour recevoir la foule de leurs clients, les Flaviens et les Antonins élevèrent des palais qui imitèrent précisément les proportions énormes des Thermes et quelques-unes de leurs dispositions. Déjà le palais de Domitien, qui semble avoir été une reconstruction partielle ou un agrandissement du palais d'Auguste, était couvert d'énormes voûtes : l'architecte Rabirius y avait imité, dit Martial

Fig. 103. — Temple double de Vénus et de Rome, bâti par Hadrien.

(VII, 56), le firmament étoilé. Entre l'ancien palais d'Auguste, remanié par Domitien, et le palais de Tibère, rebâti une première fois par Trajan, s'étendait un autre palais, dont une faible partie seulement est restée comprise, avec les constructions augustéennes, dans l'enclos de la Villa Mills.

Les fondations de ce palais ont été dégagées presque complètement ; quelques pans de murs restent debout ; on y a retrouvé des briques marquées au nom d'Hadrien. Ce palais n'était pas destiné à l'habitation, mais aux réceptions. Sa façade regardait une large place où débouchait l'avenue dallée qui montait du Forum (fig. 96). La porte centrale donnait directement accès à la grande salle, — une salle du trône, — qui n'avait point d'analogue dans les anciennes maisons patriciennes. Cette salle, magnifi-

quement décorée de colonnes et de niches où se dressaient des statues,
était flanquée de deux salles plus petites accompagnées de dépendances.
La salle située à droite de l'entrée était une petite basilique séparée en
trois nefs par deux files de cinq colonnes et terminée par une abside
semi-circulaire; elle servait probablement de tribunal impérial. La salle
du trône s'ouvrait par deux grandes portes sur un péristyle à deux étages
de colonnes, qui était un *atrium* élevé à des proportions inconnues des

Fig. 104. — Vue prise du Colisée.

contemporains d'Auguste. Trois grandes salles, au delà du péristyle,
faisaient pendant aux trois salles du premier corps de bâtiment. Elles
communiquaient entre elles par de larges arcades et formaient ensemble
la triple salle des grands festins, le *triclinium* monumental. Chacune des
salles latérales, dont l'une est encore enclose dans le jardin de la Villa
Mills, était égayée par des jeux d'eau, comme un *frigidarium*. Au
milieu d'un bassin un îlot de brique revêtu de marbre servait sans doute
de piédestal à des statues, mêlées aux fleurs et aux plantes vertes (fig. 97).
Dans les banquets où défilaient les curiosités et les monstruosités gas-
tronomiques du monde entier, ce parterre élevé sur l'eau brillante devait
faire l'effet des surtouts qui mirent dans une glace leurs figurines de
biscuit et leurs corbeilles de fleurs; seulement, pour les festins des Césars,
le surtout était un petit monument.

Derrière les salles de festins, d'autres salles et d'autres portiques,
dont quelques colonnes ont été relevées sur leurs bases (fig. 98), se sui-
vaient jusqu'aux édifices qui dominaient le Grand Cirque. En continuant

Fig. 105. — Fronton du Temple de Vénus et de Rome.
Hadrien, fondateur du Temple, faussement restauré en Trajan.
Marbres du Musée de Latran et du Musée des Thermes.

vers le Sud, le long du mur de la Villa Mills, on passe devant l'ancien
palais d'Auguste, qui servait sans doute de résidence impériale, à côté du
grand palais où se répandaient chaque matin les courtisans et où se donnaient chaque jour les fêtes. Devant le mur de la Villa, une exèdre servait de tribune pour assister du haut du Palatin aux courses qui se

donnaient dans la vallée. D'ailleurs le Palatin avait son hippodrome,
disposé sur le plateau. Les ruines en sont visibles, au sud de la Villa
Mills, le long du mur du jardin (fig. 99). Cet hippodrome, entouré de portiques, a 160 mètres de long ; l'énorme exèdre semi-circulaire qui s'élève
sur l'une des faces longues du portique rectangulaire est une construction
d'Hadrien, toute pareille aux exèdres des Thermes de Caracalla (fig. 100).

Fig. 106. — Temple rond de Romulus et basilique de Constantin,
vus de la Maison des Vestales au Forum.

Des constructions confuses sont massées au sud de l'hippodrome et de
l'exèdre ; une série de salles voûtées, dont les arcades ont encore une
ordonnance majestueuse, conduisent jusqu'à l'extrémité du Palatin et
jusqu'aux terrasses du *Septizonium* de Septime Sévère (fig. 101).

Le système d'architecture voûtée employé pour les thermes, les fontaines monumentales et les palais impériaux, fut appliqué par Hadrien
aux temples eux-mêmes.

Lorsque l'empereur rebâtit le Panthéon d'Agrippa, il en fit, comme on
l'a vu, une rotonde couverte d'une coupole. L'édifice, que dix-sept siècles
ont laissé intact, ressemble bien moins à un temple grec qu'à un *Caldarium* des grands Thermes. Le diamètre de la rotonde est de 43 mètres :

il est égal à la hauteur de l'édifice. Du haut de l'*oculus* central, qui a toujours été ouvert, une lumière égale se répand sur les flancs arrondis

Fig. 107. — Tête colossale de Constantin, trouvée dans la basilique achevée par cet empereur.

du dôme. Quand la pluie tombe à travers cet *oculus*, elle fait sur le marbre du pavé un cercle de 9 mètres de diamètre. En dehors de la baie de l'entrée, sept niches sont ménagées dans la rotonde ; toutes étaient autrefois surmontées d'une archivolte. Une seule d'entre elles est restée ouverte, celle qui fait fonction d'abside, en face de l'entrée. Au-dessus de la colonnade inférieure, une série de pilastres était rangés sur la paroi entre les arcades. Toutes ces décorations, dont les restes étaient encore considérables au XVI° siècle, furent remplacés au XVIII° par un médiocre placage de stuc. Les études récentes dont ce monument a été l'objet ont établi que le tambour de la rotonde, qui a six mètres d'épaisseur apparente, se composait de deux murailles circulaires et concentriques : c'est encore une ressemblance avec l'architecture d'un *Caldarium*. L'énorme dôme, allégé par les caissons ménagés dans son épaisseur, a un squelette intérieur composé d'un système d'arcs de brique. La coupole repose sur les tambours par l'intermédiaire de grands arcs, qui à l'intérieur de l'édifice portaient de tout leur poids sur les pilastres d'angle des niches aujourd'hui murées.

Dans l'assemblée solennelle et monotone des temples rectilignes dont les Grecs avaient fixé le plan et les proportions, le Panthéon d'Hadrien apparaît comme un monument d'un art étranger au monde gréco-romain. Cette énorme coupole, maçonnée avec toute la science des constructeurs romains, a été bâtie par ordre d'un empereur qui aimait à s'entourer des curiosités du monde oriental. Le plan du nouveau Panthéon doit être attribué à un architecte venu d'Orient, comme Apollodore de Damas qui, après avoir été l'architecte de Trajan, resta quelques années au service de son successeur.

Hadrien voulut lui-même donner les plans d'un grand temple qu'il fonda en l'honneur de Vénus et de Rome, entre le Forum romain et le

Fig. 108. — Basilique de Constantin.

Colisée. Ces plans furent critiqués par Apollodore, à qui sa franchise d'artiste coûta, dit-on, la vie.

L'édifice était, en effet, aussi bizarre que magnifique d'aspect. Hadrien voulut l'élever sur le tertre artificiel où Néron avait érigé sa statue colossale. Pour bâtir le temple, il fallut déplacer le colosse. Vingt-huit éléphants l'amenèrent sur un échafaudage en plan incliné jusqu'à la nouvelle base dont le massif est encore visible. Le temple fut entouré d'un portique de quatre cents colonnes en granit oriental. Cette enceinte forma comme un dernier Forum impérial, à proximité du Forum de Domitien.

Les restes du temple, conservés derrière l'église de Sainte-Françoise Romaine, permettent de restituer le plan et l'élévation. Il comprenait deux *cellæ*, terminées par deux absides opposées l'une à l'autre, et où étaient assises dos à dos les statues colossales de deux déesses, *Roma æterna*, *Venus felix*, suivant les légendes des monnaies qui représentent l'édifice. Rome regardait le Capitole. Chacun des temples était couvert d'une voûte en berceau ornée de caissons, comme la coupole du Panthéon ; des niches étaient ménagées dans les murs (fig. 103 et 104). A l'extérieur, les deux temples jumeaux se trouvaient unis sous un

Fig. 109. — Arc de triomphe de Titus.

même toit et entourés d'une même colonnade. Un bas-relief brisé en deux morceaux, qui ont été répartis entre le musée de Latran et le musée des Thermes, a conservé l'image de l'une des façades du temple. Sur le fronton étaient représentés Mars auprès de Rhéa Sylvia et les jumeaux nourris par la louve (fig. 105). Ainsi une architecture assez semblable au temple de Jupiter Capitolin servait d'enveloppe à une construction voûtée et décorée comme une salle du palais impérial.

Plus d'un siècle et demi après Hadrien, Maxence bâtit au Forum, en mémoire de son fils Romulus, un temple rond qui n'était point entouré d'une colonnade comme le temple voisin de Vesta, mais qui se composait d'un simple tambour de brique surmonté d'une coupole, à la manière du Panthéon. Ce temple forme aujourd'hui une annexe de l'église des Saints-Cosme-et-Damien (fig. 106).

A quelques pas du temple de Romulus, Maxence avait commencé une grande basilique, qui devait couvrir l'espace compris entre le Forum de

Fig. 110. — Titus triomphateur ; bas-relief de son arc de triomphe.

la Paix et le portique au milieu duquel s'élevait le temple de Vénus et de Rome. Cette basilique fut achevée par Constantin : on y a retrouvé la tête d'une statue colossale du premier empereur chrétien (fig. 107).

Elle diffère autant de la basilique Julia ou de la basilique Æmilia que le Panthéon d'Hadrien différait du Panthéon d'Agrippa. La grande rotonde bâtie par Hadrien ressemblait au *Caldarium* d'un établissement de Thermes ; la basilique de Maxence et de Constantin fut couverte de voûtes d'arêtes, à la manière du *Tepidarium* des Thermes de Dioclétien.

Quatre énormes piliers séparent en trois nefs un édifice qui a 80 mètres de long. Les voûtes en berceau de la nef latérale la plus éloignée du Forum ont conservé leurs caissons, analogues à ceux qui décorent les voûtes des temples d'Hadrien. Les trois voûtes d'arêtes qui s'élevaient au-dessus de la nef centrale retombaient directement sur des colonnes de granit que Sixte-Quint a enlevées : l'une d'elles a été dressée comme un obélisque devant l'église de Sainte-Marie Majeure. Ces voûtes dominaient toutes les constructions du Forum ; elles étaient plus hautes que le plateau du Palatin. Aujourd'hui encore les ruines de la basilique qui est à

Fig. 111. — Trophées du Temple de Jérusalem. Bas-relief de l'arc de triomphe de Titus.

Rome la dernière construction profane d'un empereur, font comprendre la grandeur surhumaine de l'architecture voûtée qui fut l'architecture officielle de l'Empire romain (fig. 108).

Ces voûtes dont les arrachements restent suspendus au-dessus des arcades démesurées de la basilique de Constantin ont été élevées par une armée de manœuvres qui ont accumulé couche par couche les pierres noyées dans le ciment, comme la nature a superposé les lits de calcaire pour composer des rochers. De tels édifices, montagnes élevées par les hommes, défient le temps, comme les rochers défient les éléments. Quand ils succombent, leurs écroulements sont des éboulements : les pieds-droits et les morceaux de voûtes qui restent debout dans la vallée du Forum ou sur le

Palatin fait penser aux piliers naturels qui se dressent le long des côtes normandes sur les ruines des falaises minées par les flots.

Les grandes constructions impériales de brique et de blocage ont perdu leur décoration sculptée en même temps que leur revêtement polychrome. Les frontons des temples se sont abattus et brisés. Mais des

Fig. 112. — Vue du Forum.

bas-reliefs sur lesquels passent des légions entières de figures drapées ou armées restent attachés aux flancs des monuments de marbre qui ont été élevés à la gloire des Flaviens et des Antonins sur les Forums et les avenues. Autour de ces monuments s'est développé et transformé l'art à la fois dynastique et national dont Auguste avait été l'initiateur.

Le plus ancien arc de triomphe qui ait conservé à Rome les parties vitales de son architecture et les plus importants de ses bas-reliefs est celui dont Titus et Vespasien jetèrent les fondements après la prise de Jérusalem et le triomphe qui suivit, en l'an 71, l'anéantissement de la ville sainte. L'arc fut dédié par Domitien. Élevé sur la Voie Sacrée, à l'entrée du Forum, il domine le dos d'âne qui unit le Palatin à l'Esquilin, et sa

silhouette élégante et petite se détache de toutes parts sur le ciel (fig. 109).
Les bas-reliefs sont disposés sur la frise et sous l'arcade. Le cortège du
triomphe compose à lui seul toute la décoration. Sur la frise, dont la
partie centrale est conservée, les animaux du sacrifice et les pelotons de
soldats s'avancent auprès du chariot qui porte la statue du fleuve Jour-
dain, accoudé sur son urne ; les figurines sont minuscules. Sous l'arche,
le défilé continue, mais les figures sont de grandeur naturelle et semblent
passer à côté du spectateur. Titus conduit son quadrige, accompagné par
la Victoire, par la déesse Rome et par un adolescent demi nu, sans doute
le Génie de l'Empire (fig. 110). De l'autre côté de l'arche des hommes couronnés de laurier portent les dépouilles du temple, désignées à la foule par
des cartouches : c'est la table des pains de présentation, les trompettes
sacrées qui annonçaient à Joad et à Abner le retour des fêtes du Seigneur ;
c'est le candélabre à sept branches (fig. 111). Pendant le moyen âge, les
Juifs du *Ghetto*, dont les petites lampes rituelles gardaient la forme
du candélabre sacré, se détournaient pour ne point passer sous l' « arc
des sept lampes ».

Sur les deux grands panneaux sculptés de l'arc de Titus, la gradation
du relief est plus richement nuancée qu'elle ne l'était sur les sculptures
de l'autel de la Paix. Quatre plans sont distingués dans la foule. Les effets
de la perspective sont audacieusement indiqués. Un arc de triomphe
ridiculement petit est figuré en travers de la Voie Sacrée ; c'est peut-être
celui de Tibère, au pied du Capitole. Il fait une saillie assez forte pour
que la tête du cortège s'engage et se perde sous l'ombre de son arche.
Les chevaux du char impérial sont vus à la fois de côté et de face : ils
présentent le poitrail au passant qui s'engage sous l'arcade et semblent
sortir du mur pour s'avancer vers lui. En dépit de ces audaces encore inha-
biles à donner l'illusion de la réalité, l'artiste se souvient des reliefs de
l'autel de la Paix et de l'arc de Claude. Il groupe autour de Titus des
figurines allégoriques ; il déploie d'un relief à l'autre une pompe pacifique
et religieuse. Les tableaux de bataille ont été laissés sur les toiles
peintes qui, d'après le récit de Josèphe, avaient été disposées le long
de la Voie Sacrée pour le triomphe de Titus, comme elles l'étaient jadis
pour les triomphes des consuls.

Le grand règne de Trajan, bienfaisant et victorieux, sembla
ramener, après la tyrannie d'un Domitien, l'âge heureux d'Auguste. La
sculpture, qui restait aux mains des Grecs, s'était faite romaine pour
célébrer Auguste ; elle se fit plus romaine encore pour commémorer
les actes les plus généreux de Trajan dans son administration et les

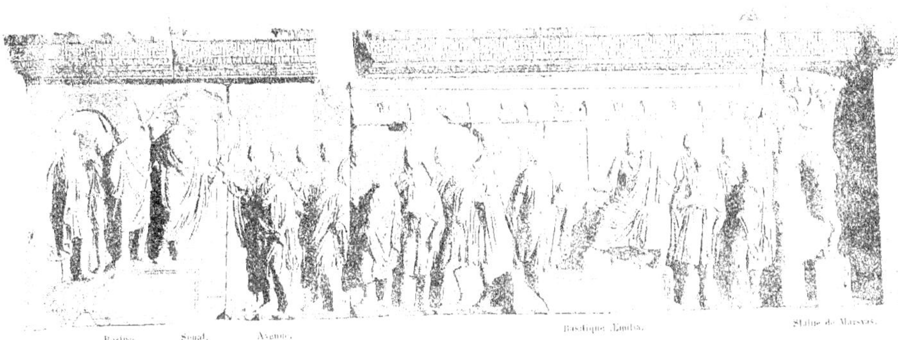

Fig. 113. — Trajan promulgue les lois alimentaires en faveur des enfants pauvres.

Fig. 114. — Trajan fait brûler des registres de créances de l'État. Balustrades de la tribune des rostres, au Forum.

péripéties des deux guerres qui l'avaient entraîné au delà du Danube.

Deux balustrades de marbre qui ont été retrouvées debout sur le Forum, dans les fouilles de 1872, ont fait partie d'une restauration de la grande tribune des rostres entreprise par Trajan (fig. 112). Disposées parallèlement l'une à l'autre, ces balustrades sont décorées de reliefs sur leurs deux faces. Sur la face intérieure de chacune des deux plaques de marbre un même groupe de trois animaux est représenté : le porc, le bélier, le taureau, parés pour le sacrifice qui accompagnait à Rome la consécration d'un monument officiel. Les reliefs qui couvrent les faces extérieures des balustrades mettent en scène deux de ces actes d'homme de bien que Pline le Jeune a célébrés dans son Panégyrique de Trajan et qui valurent à l'empereur le nom de « restaurateur de l'Italie ». Ici l'empereur est assis sur une estrade ; devant lui une femme, vêtue à la grecque, tient deux enfants : elle ressemble aux personnifications chrétiennes de la Charité. Il s'agit en effet d'un acte de bienfaisance, tout différent des prodigalités par lesquelles les empereurs tenaient en servage la tourbe paresseuse de la ville. Trajan promulgue les « lois alimentaires », qui assurent la subsistance des enfants pauvres. Un groupe de magistrats, debout sur la tribune des rostres, fait part de la décision de l'empereur à la foule qui applaudit (fig. 113). Sur l'autre relief, des hommes en tunique apportent à la file les tablettes ou registres qui représentent certaines créances de l'État pour les brûler en plein Forum devant les représentants de Trajan. Les faits commémorés par ces sculptures se placent peu de temps après l'an 100 (fig. 114).

Le décor est indiqué avec la plus minutieuse exactitude. L'estrade de l'empereur, le bûcher des registres officiels sont placés entre la tribune devant laquelle avancent les triples éperons des rostres et une statue de Marsyas qui s'élevait sur l'esplanade du Forum, non loin de l'emplacement où devait être bâti le temple d'Antoine et de Faustine. La statue était ombragée par un figuier qu'il ne faut pas confondre avec le figuier sacré voisin de la Curie. Derrière les groupes et les monuments qui occupent le premier plan, des files de colonnes, des arcades, des frontons couvrent le fond du tableau. C'est un double panorama du Forum, avec les édifices qui se succédaient à droite et à gauche des rostres, jusqu'à l'extrémité des deux grandes basiliques Julia et Æmilia, dont les arcades se faisaient face, au sud et au nord de la Voie Sacrée.

La gloire pacifique de Trajan est rappelée ainsi à la postérité au milieu du Forum romain, devant l'assemblée de ses temples et de ses basiliques ; la gloire militaire de l'empereur est racontée dans le Forum

Fig. 115. — Base de la colonne Trajane.

de Trajan par la colonne fameuse qui est de tous les monuments de Rome le mieux conservé et le plus saisissant.

Le piédestal qui contient la chambre où ont reposé les cendres de l'empereur, la colonne qui s'élève à la hauteur de la colline à la place de laquelle s'étendit le nouveau Forum sont couverts de reliefs. Le piédestal

Fig. 116. — Obélisque de la Piazza del Popolo, autrefois érigé par Auguste au Grand Cirque.

semble un amoncellement d'armes et de vêtements barbares (fig. 115). Les détails des boucliers et des trompes de guerre sont modelés dans un très faible relief, avec la délicatesse d'une ciselure. Le style de ces trophées rappelle les fines décorations des monuments augustéens de la Provence, comme l'arc de Tibère à Orange : le sujet même est un souvenir des trophées qui ornaient les balustrades du portique d'Athéna, à Pergame. Mais ni les colonnes du temple d'Artémis à Éphèse, entourées de figures en haut relief, ni les fûts de marbre retrouvés autour des sanctuaires d'Olympie et de Delphes et qui étaient des piédestaux de statues, n'ont donné le modèle de la colonne qui élevait à 43 mètres de hauteur la statue de Trajan. L'Orient hellénisé n'avait rien créé d'aussi bizarre et d'aussi audacieux que cette colonne démesurée autour de laquelle un bas-relief ininterrompu monte en spirale. L'œuvre est gigantesque : la couronne de laurier qui forme la base a 6 mètres de tour ; vingt-trois blocs de marbre de Paros, au milieu desquels sont creusées les marches de l'étroit escalier, ont été empilés pour former la colonne. Les joints sont si exacts qu'ils restent invisibles ; les sculptures ont été certainement exécutées après l'érection du monument, sur des échafaudages. Dans l'antiquité il était possible de les voir d'assez près, en montant sur les galeries et les terrasses des bibliothèques voisines ; les artistes du XVIe siècle ont pu encore étudier les reliefs en se hasardant sur les toits des maisons qui entouraient la colonne. Après le déblaiement de la place, il est devenu impossible de distinguer les figurines dont les plus élevées se trouvent à la hauteur d'un neuvième étage américain. Pour se rendre compte de l'intérêt de cet immense travail perdu en l'air, le plus sûr est de recourir aux moulages qui se trouvent au Musée de Latran[1].

Fig. 117. — Antinoüs. Bas-relief de la Villa Albani.

Le récit ne comprend pas moins de 115 épisodes, où figurent environ 2 500 personnages. Il forme une suite détaillée, depuis le passage du Danube, que les légions traversent sur un pont de bateaux, en présence d'un géant qui est le dieu du fleuve, jusqu'à la prise de Sarmizégéthusa, la capitale des Daces, et au suicide héroïque du roi barbare Décébale. Les sculpteurs ne se contentent pas de mettre aux prises des combattants : ils suivent les marches dans les forêts et sur les rochers des Carpathes ; ils assistent aux veillées des sentinelles qui gardent les camps fortifiés. Le décor est indiqué avec soin, comme les édifices de Forum sur les balustrades des rostres : les villages daces et la capitale même sont des

[1] Le Musée des antiquités nationales de la France, à Saint-Germain-en-Laye, possède une suite complète de moulages de la colonne Trajane.

groupes de huttes rondes couvertes de chaume et défendues par des palissades. Aucun détail n'est omis dans l'équipement et le chargement des troupes : on croit voir marcher ces « mulets de Marius », qui, le casque accroché à l'épaule droite, ont porté leur sac jusqu'aux confins de la Russie et de l'Inde. Les costumes et les types sont de vrais documents d'histoire ethnographique : en face des hommes du Danube, au nez épaté,

Fig. 118. — Arc de triomphe de Gallien.

chevelus et barbus, vêtus de leurs braies et de leurs sayons, voici les Romains au front bas, au menton rasé, qui ressemblent aux Campagnoles d'aujourd'hui, les auxiliaires Germains et Gaulois, avec leur crinière hérissée et leurs vêtements de grosse laine, les archers orientaux, en longue tunique, coiffés d'un casque pointu, les frondeurs des Baléares, enfin les cavaliers Numides, portant leurs cheveux crépus nattés comme ceux des Nubiens d'aujourd'hui, vêtus de la *gandoura*, et pressant de leurs jambes nues leurs chevaux sans selle ni mors. C'est tout le monde romain, maître des pays barbares. Même à Alexandrie l'art hellénique n'avait pas eu ce goût de la précision, cette minutie d'annaliste. Des sculp-

teurs grecs ont travaillé certainement
aux reliefs de la colonne Trajane
comme aux trophées du piédestal ;
c'est de Rome qu'ils ont reçu le pro-
gramme et l'inspiration. Ils ont
transposé dans le marbre durable
ces éphémères tableaux de bataille
qui étaient exposés dans les triomphes romains, et la suite de leurs
reliefs est restée enroulée autour du
fût, dont elle laisse voir les cannelures sous l'abaque du chapiteau, à
la manière d'une interminable toile
peinte.

La sculpture d'histoire était devenue à Rome, après l'achèvement
de la colonne Trajane, un art national, comme jadis la peinture
d'histoire, que ne dédaignait point
de pratiquer un Fabius Pictor. Mais
cet art vraiment romain, assez vivant
pour pouvoir vivre longtemps, fut
abandonné par le successeur même
de Trajan, et tomba dans une rapide
décadence.

Hadrien était moins un Romain
qu'un Grec ; archéologue plutôt
qu'artiste, érudit plutôt que philosophe, sa curiosité de souverain
voyageur était attirée par tous les
exotismes. S'il fonda sur les coteaux
de Tibur une Villa qui put rivaliser avec la Maison d'Or, c'était pour
y faire bâtir des monuments de tous
les styles : avec son Pœcile athénien et son Canope alexandrin, la
Villa d'Hadrien ressemblait aux rues
des Nations de nos Expositions Uni-
verselles.

Fig. 110. — Colonne de Marc-Aurèle.

Il y eut alors une véritable Renaissance de l'ancien art égyptien.
Sans doute cet art était connu à Rome depuis les défaites de Cléopâtre et
la réduction de l'Égypte en province romaine. Auguste avait fait ériger
à Rome deux obélisques. L'un, qui se trouvait sur l'arête du Grand Cirque,
a été transporté au milieu de la Piazza del Popolo (fig. 116) ; il porte les
cartouches de Séti Ier et du grand Ramsès II (XIIIe siècle av. J.-C.).

Fig. 120. — Arc de triomphe de Constantin.

L'autre ne remontait qu'à Psammétik, le roi Saïte (VIe siècle av. J.-C.) :
il était encore aussi ancien que les plus archaïques des œuvres grecques
transportées à Rome. Ce second obélisque avait été dressé au Champ de
Mars comme l'aiguille d'un grand cadran solaire dessiné sur un pavement
de marbre ; il a été relevé non loin du lieu où il avait été trouvé, sur la place
de Montecitorio. Dès le temps d'Horace, l'art égyptien commençait d'être
acclimaté à Rome par les cultes égyptiens qui comptèrent parmi leurs
premières dévotes en Italie les courtisanes faciles aux poètes. Le temple
d'Isis, bâti près du Panthéon, était un édifice de granit apporté d'Égypte
pierre à pierre ; il retrouva dans le Champ de Mars son avenue monu-

mentale, bordée de cynocéphales et de sphinx, et ses propylées flanquées
d'obélisques. Sur l'emplacement de ce temple, entre le Collège romain et
les Thermes d'Agrippa, les fouilles et les travaux entrepris depuis le
XVIe siècle ont remis au jour jusqu'à six obélisques, dont deux sont restés
dans la région, sur la place du Panthéon et sur la place de la
Minerve ; les chefs-d'œuvre de sculpture égyptienne conservés au
Musée du Vatican viennent pour la plupart de ce temple, véritable
musée égyptien dans la Rome impériale. Il est probable qu'Hadrien

Fig. 121. — Médaillons provenant d'un monument de Trajan et encastrés dans l'arc de Constantin.

contribua plus qu'aucun autre à enrichir ce musée. Sous son inspiration les sculpteurs grecs de Rome se mirent, comme leurs prédécesseurs de l'époque des Ptolémées, à dégrossir patiemment dans les
granits et les porphyres des statues coiffées du *pschent* ou de *klaft*. Au
temps d'Hadrien ou peu de temps après lui, l'obélisque qui se dresse
aujourd'hui devant la Trinité des Monts fut taillé à Rome dans un bloc
de granit égyptien ; les sculpteurs copièrent les hiéroglyphes d'après
l'obélisque érigé par Auguste au Grand Cirque (celui de la Piazza del
Popolo).

Hadrien ne rechercha point l'ancien art grec comme l'ancien art
égyptien. Il semble au contraire qu'il ait eu un goût particulier pour l'art
grec d'Égypte et d'Asie. Parmi les œuvres d'art retrouvées dans sa villa
de Tibur deux des plus précieuses sont deux statues de Centaures tour-
mentés par des Amours. Ce sont des copies ou des imitations d'originaux
alexandrins ; les plinthes portent la signature de deux Grecs d'Asie,

Aristéas et Papias, originaires de la ville carienne d'Aphrodisias, où une école de sculpture fut florissante au II⁰ siècle de l'Empire romain. Ces deux groupes sont sculptés dans un marbre d'un gris sombre auquel le poli a donné des luisants et des reflets d'onyx.

Le goût des marbres durs et du poli précieux donna au travail le plus savant une rondeur et une froideur qui font penser à la virtuosité inanimée d'un Canova. Ces défauts sont particulièrement sensibles dans les nombreux portraits d'Antinoüs, le Bithynien au regard langoureux qui fut le favori d'Hadrien et qui, s'étant noyé dans le Nil pour conjurer un oracle qui menaçait son souverain, fut rangé officiellement parmi les divinités de l'Empire. Le bas-relief de la Villa Albani reste la plus poétique image de ce jeune homme mélancolique, qui fut, en dehors des apothéoses impériales, le dernier dieu créé par le monde antique (fig. 117).

Fig. 122. — Statue équestre de Marc-Aurèle, en bronze doré. Place du Capitole.

Hadrien était un dilettante trop éloigné de l'action violente pour se plaire à l'art militaire de la colonne Trajane. Ami des arts et de la paix, il parvint, en fortifiant son armée, à ne pas faire la guerre, et n'eut point de campagnes à raconter sur les monuments triomphaux. Jusqu'à ces dernières années, Hadrien pouvait passer pour n'avoir commandé aucun bas-relief à sujets romains. Mais un érudit s'est avisé que le sculpteur Thorwaldsen, en restaurant un bas-relief rompu, avait placé à tort la tête de Trajan, rasée à l'ancienne mode romaine, sur le buste décapité d'un empe-

reur qui était représenté sacrifiant devant un temple : le temple était
celui de Vénus et de Rome ; l'empereur était Hadrien : sur le bas-relief
du Musée des Thermes, il faut l'imaginer barbu à la manière des philosophes (fig. 105). Un autre empereur, qui porte une barbe frisée et qui

Fig. 123. — Buste colossal de Néron (Musée du Vatican).

est représenté sur un grand bas-relief du Musée des Conservateurs, passait pour Marc-Aurèle : il faut reconnaître en lui Hadrien. Le souverain,
entouré de licteurs, de soldats et de citoyens en toge est reçu devant un
arc par la déesse Rome, entourée de figures allégoriques qui personnifient
les quartiers de la ville ; un jeune homme est le Champ de Mars. Un
autre bas-relief, placé en face de celui-ci, dans l'escalier du Musée des
Conservateurs, montre l'apothéose d'une impératrice, emportée par une
femme ailée au-dessus du bûcher. Ces deux bas-reliefs faisaient partie

d'un arc de triomphe érigé sur la Via Lata, près de l'Autel de la Paix. Ils
sont calmes et pacifiques comme les œuvres augustéennes; mais les allégories tiennent plus de place dans les groupes que les vivants; en dépit
du rendu minutieux des portraits, la facture est trop ronde et trop polie :
déjà la sculpture romaine a la froideur officielle d'un style Empire.

Les reliefs qui décoraient la base de la colonne monolithe érigée par
Antonin le Pieux au Champ de Mars ont été transportés au Vatican, dans

Fig. 124. — Agrippine l'ancienne (Musée du Capitole).

le jardin du Belvédère. Le plus important de ces reliefs représente l'apothéose du couple impérial : on le dirait sorti du même atelier que le relief
de l'arc d'Hadrien.

Sous Marc-Aurèle, le successeur d'Antonin, la sculpture historique fit
un effort pour revivre, qui n'attesta que son irrémédiable décrépitude.
L'empereur philosophe qui avait fait son devoir de chef d'armée, sans plus
aimer la guerre que ne l'avait aimée Hadrien, fit couvrir de reliefs la
colonne qu'il érigea au Champ de Mars et qui reproduit exactement les
formes et les proportions de la colonne Trajane (fig. 119). Il s'agissait
encore de rappeler des campagnes entreprises contre les peuplades danu-

biennes, qui cette fois avaient attaqué l'Empire. Loin de chercher à éviter les redites, les sculpteurs qui eurent à représenter les passages de fleuves, les marches, les combats livrés aux Marcomans, aux Quades, aux Sarmates, se contentèrent de copier servilement, à quelques exceptions près, les reliefs qui racontaient l'expédition de Trajan. Dans l'intervalle de soixante ans qui sépare la dédicace des deux colonnes, la sculpture romaine a perdu son souci de la vérité documentaire et la sobre éloquence de ses récits de bataille. Un demi-siècle après avoir produit un chef-d'œuvre qui égale [Tite-Live, elle n'est plus qu'une compilation de copistes, comme va être l'Histoire Auguste.

La décadence est achevée lorsque Septime Sévère, de concert avec ses fils Caracalla et Géta, élève au Forum, en l'an 201, un arc de triomphe à trois arches, imité, peut-être, des arcs d'Auguste. L'attique sur lequel le nom de Géta assassiné a été martelé par ordre de Caracalla porte la tache d'un fratricide. Les sculptures sont très frustes ; mais quelques morceaux intacts laissent juger de la pauvreté du relief, qui n'est plus qu'une gravure maladroite sur marbre (fig. 112).

Fig. 125. — Une grande Vestale au temps de Septime Sévère (Musée des Thermes).

Soixante ans plus tard un arc de triomphe fut élevé à Gallien, le faible empereur qui ne sut réduire ni les Barbares du Danube et du Rhin, ni ces dix-huit généraux dont les légions firent des souverains éphémères et que l'histoire, en forçant quelque peu les chiffres, a appelés les « trente tyrans ». Ce monument, voisin de la place Vittorio-Emmanuele, n'est qu'une arcade encadrée de pilastres, sans aucune décoration sculptée (fig. 118).

Un demi-siècle passe encore ; Constantin, vainqueur de Maxence, fait bâtir et décorer, à côté du Colisée, le plus grand des arcs de triomphe de Rome. Pas un signe chrétien ne marque ce monument, qui commémore, avec la bataille du pont Milvius, la défaite du paganisme : l'inscription de l'attique invoque « la divinité », sans choisir encore entre les dieux de l'Empire et le dieu des chrétiens. L'architecture est solennelle comme celle de la haute basilique dont les ruines s'élèvent en face du Palatin (fig. 120).

Fig. 126. — *Columbarium* d'une association funéraire, dans la *Vigna Codini*.

Mais les sculptures qui couvrent les socles des colonnes et remplissent les écoinçons des arcs ne sont que d'informes ébauches ; la plus misérable est une Victoire au torse ballonné, sous une draperie aux plis vermiculés, qui a pris l'attitude d'une Victoire sculptée sur la colonne Trajane à côté d'un trophée qui sépare les récits des deux guerres daciques : elle ne sait plus même tenir son bouclier. Mais, à côté des scènes de combats

et d'assemblées qui semblent jouées par des pantins vêtus de chiffons,
voici des médaillons, des tableaux rectangulaires d'un tout autre style,
sacrifices, harangues, chasse, combats, dont quelques groupes font penser
encore aux processions athéniennes et aux cavaliers des sarcophages de
Sidon. Ces reliefs n'ont pas été sculptés pour Constantin : quatre bas-
reliefs ont été arrachés à un arc de triomphe de Marc-Aurèle. Comme

Fig. 127. — Stucs d'un tombeau de la Voie latine, 1ᵉʳ siècle de l'ère chrétienne.

la tête de l'empereur était barbue, le marbrier l'a remplacée par la face
glabre et ronde de Constantin. Sur huit médaillons et sur les grands reliefs
qui sont les morceaux d'une frise de bataille, l'empereur n'est autre que
Trajan, dont le visage rasé a été respecté (fig. 121). Comme ces reliefs,
les statues des barbares debout au-dessus des colonnes sont les dépouilles
du Forum de Trajan. Constantin a volé la gloire de l'empereur conquérant et de l'empereur philosophe.

Entre tous les monuments du bas-relief romain, un seul, la colonne
Trajane, reste non seulement un document, mais une histoire. D'innombrables portraits d'empereurs, statues ou bustes, évoquent encore, aussi
fortement que Tacite et que Suétone, les années paisibles ou sanglantes de
l'Empire.

Les statues équestres ont été nombreuses sur les Forums. Comme elles étaient pour la plupart en bronze doré, elles ont péri, à l'exception d'une seule : celle de Marc-Aurèle, sauvée par les chrétiens, qui avaient cru reconnaître Constantin sous la barbe frisée du cavalier. La statue était placée au moyen âge devant le palais de Latran, où habitaient les papes ; au XVIe siècle elle fut transportée sur la place du Capitole, entre les palais bâtis par Michel-Ange. Sur un cheval trapu qui avance en soufflant, l'empereur, en simple tunique, sans cuirasse d'apparat, étend le bras vers la foule avec un geste d'orateur (fig. 122).

Quant aux bustes d'empereurs, ils sont partout, sur les socles des jardins, sous les portiques des palais. Au Musée du Capitole, ils remplissent une salle, rangés par règnes et par siècles, depuis Auguste jusqu'aux empereurs barbares, Eliogabale le Syrien, Philippe l'Arabe, qui ont été à leur tour les maîtres du monde. Quelques-uns ont les proportions des statues géantes dont le corps a été mis en pièces ; un buste de Néron, couronné du laurier d'Apollon, conserve le visage du Colosse érigé devant la Maison d'Or (fig. 123). Après Hadrien, le poli excessif de ces bustes, l'emploi des marbres de couleurs atténuent l'accentuation des caractères individuels. Au Musée des Conservateurs un buste de Commode, le gladiateur couronné, avec les attributs d'Hercule, miroite comme une porcelaine. Cependant, alors que le bas-relief historique n'est plus qu'une suite de figures sans vie, les instincts et les folies des tout-puissants sont encore marqués par les sculpteurs sur la face crispée d'un Caracalla.

Les impératrices composent une assemblée de visages durs et ingrats, au milieu desquels sourient quelques têtes charmantes. Agrippine l'ancienne, la veuve de Germanicus, a encore le visage sévère des matrones d'autrefois ; la simplicité majestueuse de l'attitude assise et de la draperie semble un souvenir des marbres attiques (Musée du Capitole ; fig. 124). Après le règne d'Hadrien, quelques bustes féminins ont le front rasé pour recevoir des postiches de marbre, véritables diadèmes de frisures qui changeaient avec la mode. Des femmes qui n'étaient pas des souveraines ont reçu les honneurs des statues. Les magistrats et les fonctionnaires qui avaient obtenu quelque privilège par la puissante intervention d'une vestale dignitaire consacraient une statue à leur protectrice dans l'atrium de la maison des vestales, au Forum. L'une de ces statues a été retrouvée presque intacte dans les fouilles : c'est une femme âgée, une grande vestale, préposée au gouvernement du petit monastère ; le voile religieux entoure de ses plis pesants la gravité mûre et morose d'un visage d'abbesse (fig. 125).

La série des portraits de vivants est accompagnée, dans les trois siècles
de l'Empire, par la série des portraits de morts : rien n'est plus commun dans Rome que les bustes en bas-relief ou en ronde-bosse qui décoraient les cippes et les tombeaux. La mode des sarcophages avait été abandonnée au temps de Sylla, lorsque la pratique de la crémation fut défini-
tivement adoptée dans la société romaine et que seuls les esclaves et les

Fig. 128. — Stucs d'un tombeau de la Voie latine, IIe siècle.

pauvres furent enfouis en terre. Les empereurs eurent leurs enclos créma-
toires et leurs mausolées ; les familles riches élevèrent, le long des grandes
voies, à la sortie de la ville, des tombeaux ambitieux pour recevoir les
urnes ; la plupart des Romains, au temps d'Auguste ou de Néron, s'as-
suraient après leur mort une petite niche dans le grand caveau d'un
Columbarium, troué de logettes comme un « pigeonnier ». Deux groupes
de ces caveaux ont été retrouvés sur la Voie Appienne, en deçà des murs,
qui n'ont été élevés que plus tard. L'un était la propriété des affranchis
d'Octavie, femme de Néron ; les autres, qui sont réunis dans la Vigna
Codini, ont été aménagés à partir de l'an 6 avant J.-C. par trente-six associés
qui en ont recruté d'autres. 180 niches funéraires étaient tirées au sort

Fig. 129. — Sarcophage des Niobides (Musée du Latran).

entre les participants (fig. 126). La plupart des caveaux étaient creusés dans le tuf. Leurs plafonds et leurs parois étaient ornés de peintures et de stucs à la manière des maisons patriciennes. Deux tombeaux de la Voie Latine, l'un du Ier siècle, l'autre du IIe, ont conservé la richesse et la fraîcheur première de leur décoration. Sous la voûte du plus ancien, des cortèges bachiques, des tritons qui portent en croupe des nymphes marines semblent voltiger au-dessus des urnes funéraires et guider les morts vers les Iles fortunées (fig. 127). Dans le plus récent des deux tombeaux, les légendes héroïques accompagnent les fantaisies mythologiques au milieu d'architectures de féerie. A côté d'Alceste sauvée des enfers, Hercule, Pâris, Achille défilent dans les compartiments du décor, bariolés comme jadis de noir et de rouge (fig. 128).

L'inhumation fut adoptée de nouveau, vers le temps d'Hadrien, au milieu du second siècle, et sans doute sous l'influence des cultes orientaux qui n'admettaient pas la crémation. L'industrie des marbriers devint florissante ; les citoyens de fortune moyenne trouvèrent dans la boutique de ces artisans des sarcophages tout sculptés, avec un couvercle orné d'une statue toute drapée, ou un médaillon à coquille orné d'un buste, dont la tête n'était qu'épannelée et pouvait être achevée à la ressemblance du défunt. L'exécution du relief est sommaire : le trépan qui troue le marbre de gros points noirs découpe les boucles des chevelures et enfonce les plis des draperies. Mais les sculpteurs veulent rivaliser d'érudition mythologique avec leurs prédécesseurs. les modeleurs de stuc. Ils mettent à profit des recueils de dessins classiques, où ils retrouvent les attitudes des chefs-d'œuvre.

Au temps où le bas-relief historique à sujets romains allait disparaître,

le bas-relief funéraire revint à la tradition grecque. Sur le devant d'un
cercueil de marbre, les Niobides se rangent avec des gestes désespérés
autour de leur pédagogue et de leur nourrice (Vatican, Latran) ; sur le
couvercle leurs beaux corps sont entassés, comme des épis fauchés par
l'orage. Le sculpteur qui représente sur le sarcophage d'un militaire une
bataille de Gaulois ne met point les barbares aux prises avec les légion-

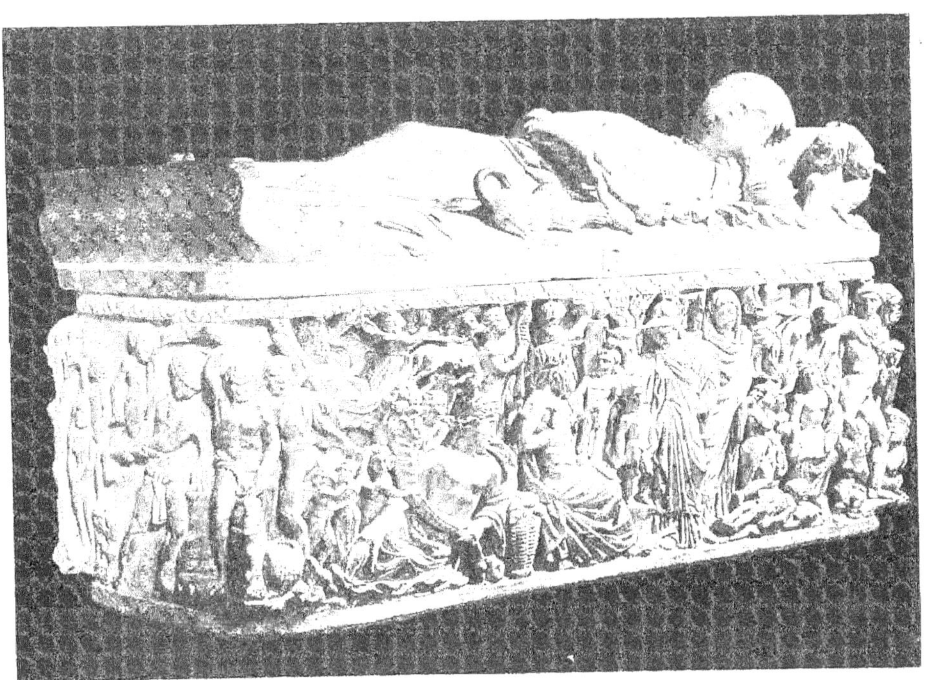

Fig. 130. — Sarcophage de Prométhée (Musée du Capitole).

naires de la colonne Trajane : il se souvient de Pergame, trois siècles après
la fin du royaume des Attales, et montre des Galates d'Asie combattant contre des cavaliers armés à la grecque. Le poème de la destinée humaine est
murmuré sur les marbres funéraires par des figures qui semblent se souvenir tantôt des élégies alexandrines, tantôt des vers d'Euripide. Ici c'est
Amour et Psyché, le roman philosophique raconté par Apulée ; là c'est le
sacrifice volontaire d'Alceste et la défaite de la Mort, vaincue par Héraklès.
La tragédie, abandonnée pour les pantomimes et les gladiateurs, revient dans
les chambres funéraires ; elle parle vaguement du rêve d'immortalité dont
s'enchantait Socrate à des générations troublées par les révélations venues
d'Orient et par le spectacle des martyrs qui meurent pour ressusciter.

Vers la fin du IIIe siècle, au temps où le christianisme achevait de conquérir la cour même des empereurs, une jeune païenne fut représentée couchée, son petit chien à côté d'elle, sur un sarcophage autour duquel des groupes confus évoquent toute l'histoire de Prométhée. Ce sarcophage est au Musée du Capitole, dans la salle dite des Colombes (fig. 130). Sur l'une des faces étroites du cercueil de marbre, les Cyclopes battent le fer dans la forge divine où jaillit le feu qui va être rendu à l'humanité. Sur la face opposée, Héraklès bande son arc ; il va tuer l'aigle qui dévore le Titan, supplicié pour son amour des hommes. La face antérieure du sarcophage est un pêle-mêle d'allégories et de dieux d'où se dégage toute une histoire poétique de la vie et de la mort. Prométhée est assis devant un groupe où sont réunis la Terre, l'Océan et le Soleil ; une corbeille pleine d'argile est posée à côté de lui ; il achève de modeler la statuette qui va devenir une race nouvelle. Devant lui Minerve pose sur la tête de la figurine d'argile le papillon qui sera l'âme de l'être vivant. L'être accomplit sa destinée que filent les Parques ; voici la statuette gisante sur le sol : l'âme s'est envolée et Hermès l'entraîne vers l'inconnu.

La clarté de la pensée grecque a fui cette foule désordonnée ; certaines figures semblent hésiter entre la religion antique et les croyances venues d'Orient. Près de la forge des Cyclopes un couple nu, abrité sous un arbre, fait penser plutôt à Adam et à Ève qu'à Deucalion et à Pyrrha sauvés du déluge. Cependant les formes alourdies gardent encore quelques traits de la beauté grecque, et le paganisme vieillissant a groupé ses créations les plus nobles autour du sculpteur au visage olympien, ancêtre mythique de Phidias.

CHAPITRE VI

LA RUINE

Au milieu du IIIe siècle de l'Empire, la ville des quatorze régions, dont les faubourgs n'avaient cessé de s'étendre, était, comme au temps d'Auguste, une ville ouverte. Sous les Flaviens et les Antonins, les grands ouvrages de défense avaient été reportés aux frontières extrêmes de l'immense Empire : Hadrien, Antonin, Septime Sévère avaient élevé en travers de la Bretagne, d'une mer à l'autre, trois murailles qui s'avançaient de plus en plus loin vers le Nord de la Calédonie (l'Écosse actuelle). Mais le temps des conquêtes était passé : les Barbares débordaient de toutes parts, sur l'Euphrate, sur le Danube, sur le Rhin. Il fallut fortifier Nicée en Orient et Vérone au débouché des Alpes. Aurélien, le soldat énergique et honnête qui sut résister et vaincre, dut évacuer la Dacie transdanubienne, dont la conquête était racontée par la colonne Trajane. Avant d'entreprendre une expédition lointaine contre Zénobie, la reine de Palmyre, il voulut mettre Rome à l'abri d'une attaque des Barbares du Nord, en entourant la ville d'une forte enceinte (fig. 131).

Les murs d'Aurélien, commencés en l'an 271, achevés par Probus, restaurés de siècle en siècle, ont formé jusqu'en 1870 l'enceinte de la ville des papes. C'est dans cette muraille qu'a été ouverte, près de la porta Pia, la brèche par laquelle l'Italie nouvelle est entrée dans Rome. Aujourd'hui le mur antique sert de mur d'octroi à la capitale du royaume unifié. L'enceinte, après avoir fait le tour des collines, atteint le Tibre, au pied du Pincio et au delà de l'Aventin. Elle suivait encore autrefois la rive gauche du fleuve sur une assez grande longueur, en amont et en aval, jusqu'à l'île du Tibre ; elle passait ensuite sur la rive droite et enfermait le quartier du *Trastevere* dans un angle saillant, dont la pointe avancée atteint le sommet du Janicule, près de la fontaine de l'Acqua Paola. Tout le quartier du Vatican restait encore sans défense. Le circuit total des murs est évalué à 17 kilomètres environ. Il fallait une armée pour défendre cette

enceinte, un peuple pour l'investir. Quatorze grandes portes correspondaient
aux quatorze régions d'Auguste. Pour construire rapidement ce mur de
quatre lieues, les architectes mirent à profit des constructions antérieures,
comme les murs de soutènement du Pincio, l'enceinte rectangulaire du
camp des prétoriens et les arcades des grands aqueducs qui contournaient
les faubourgs. Ces arcades avaient pris la forme d'une porte triomphale
au passage des voies importantes. Les arches à bossages, décorées d'ordres
rustiques, que Claude avait contruites sur le parcours de son grand aqueduc, servirent de porte dans la nouvelle enceinte (fig. 132). Quant aux
portes élevées par Aurélien, elles sont d'une simplicité toute militaire :
une baie en plein cintre, flanquée de deux tours rondes (fig. 133). La
plupart de ces portes ont été restaurées vers 403 par Honorius. L'enceinte
elle-même était munie de tours carrées. Elle est bien conservée depuis le
Tibre jusqu'à la Porte latine (aujourd'hui fermée). Sur ce secteur s'ou-
vrent la porte d'Ostie (San Paolo) et la porte de la voie Appienne (San
Sebastiano). A l'occasion, des tombeaux déjà anciens étaient compris,
comme les aqueducs, dans la ligne des défenses. Le mur, avant d'atteindre
la porte d'Ostie, s'appuie à la pyramide de Cestius, qui fait l'office d'une
tour pointue (fig. 134).

Cette enceinte élevée à la hâte conserve la solidité robuste des plus
nobles constructions romaines; mais au voyageur qui suit ses murailles
rousses, dans le silence de la campagne déserte, elle ne parle pas de force
et d'orgueil, comme les thermes et les palais. Rome, encore victorieuse,
est obligée de se défendre. L'énorme digue élevée autour d'elle contre le
flot des Barbares est un monument officiel de la faiblesse de l'Empire.

Un siècle et demi s'écoula encore avant que l'enceinte de Rome reçût
le choc des envahisseurs. Dans cette période la ville avait perdu la
place unique qu'elle tenait dans le monde. Dès le temps de Dioclétien,
l'Empire, en transformant le caractère des institutions qu'il conservait
depuis Auguste, a changé de capitale. A une Tétrarchie qui comprenait
en fait deux Empires, dont l'un était un Empire d'Orient, il fallait plusieurs têtes. Les résidences impériales furent placées, non plus au centre
du monde romain, mais près des frontières vers lesquelles s'avançaient
les Barbares d'Occident et d'Orient. Dès la fin du IIIᵉ siècle, les empereurs
qui se partagent le pouvoir habitent soit à Milan, près de la barrière des
Alpes, soit à Nicomédie, sur la côte d'Asie Mineure, non loin du Bosphore. Enfin Constantin abandonne officiellement la ville des Césars,
pour fonder sur la rive européenne du Bosphore une « Nouvelle Rome »,
à laquelle il donne son nom.

Constantinople fut consacrée par des fêtes solennelles en l'an 330. La déchéance de l'ancienne capitale fut accompagnée d'une première spoliation de ses richesses artistiques. Des cargaisons de statues furent envoyées de Rome aussi bien que de la Grèce et de l'Orient hellénisé pour décorer l'hippodrome, les palais et les places de Constantinople. A Rome même,

Fig. 131. — Enceinte d'Aurélien, près de la porte San Sebastiano.

Constantin dépouilla de leurs bas-reliefs les monuments de Trajan et de Marc Aurèle pour enrichir l'arc de triomphe qu'il éleva près du Colisée. L'inauguration de ce monument fait de débris magnifiques ouvre l'histoire des ruines de Rome.

Avant de fonder sa capitale orientale, Constantin avait promulgué à Milan, devenue la capitale de l'Italie, un acte qui annonçait la fin prochaine du monde antique, en reconnaissant l'existence de la religion chrétienne, à laquelle l'empereur lui-même se convertit. La religion nouvelle triompha, avec l'appui de Constantin et de ses successeurs chrétiens, dont la suite ne fut interrompue que par le règne de Julien. Le philosophe couronné, dont la première capitale avait été Lutèce, ne put ressusciter

le passé à Rome où lui-même ne vint jamais. Les empereurs chrétiens
qui visitèrent la ville à de longs intervalles, Constance II, Théodose,
Honorius y apparaissaient comme des étrangers, vêtus d'or et de pierre-
ries et traînant à leur suite la pompe cérémonieuse de la cour persane.

Cependant Rome, après avoir perdu ses empereurs et ses dieux, ne
changea point d'aspect pendant deux siècles. La plèbe chrétienne ne fut

Fig. 132. — *Porta Maggiore*. Arcades monumentales de l'aqueduc de Claude
employées comme porte dans l'enceinte d'Aurélien.

point animée en Italie du zèle iconoclaste qui fit rage à Éphèse et à
Alexandrie. Quant à l'aristocratie, une partie de ses représentants restait
fidèle, par esprit conservateur, à l'antique religion de l'Empire. Symmaque défendait contre saint Ambroise la statue de la Victoire, devant
laquelle l'assemblée dérisoire qui portait encore le nom de Sénat avait
conservé la coutume de faire des libations avant chaque séance. Cette
déesse ailée, bronze tarentin apporté à Rome sous Auguste, personni-
fiait à la fois, pour les derniers païens, la beauté grecque et la grandeur
romaine. Elle disparut obscurément après le règne d'Honorius. Les
monuments de l'ancien culte, abandonnés par le nouveau culte officiel,

avaient encore au IV⁰ siècle leurs prêtres et leurs fidèles, qui les restau-
raient à grands frais. En 367, un ami de Symmaque, Vettius Agorius Prae-
textatus, fit rebâtir au Forum un temple consacré à tout le Panthéon
déchu, les douze dieux et les douze déesses (fig. 135). La colonnade qui
s'élève au pied du rocher du Capitole est un reste de ce dernier monument
du paganisme expirant. En l'an 408, sous Honorius, les revenus

Fig. 133. — *Porta Latina*, porte murée de l'enceinte d'Aurélien.

et les biens des temples furent « sécularisés » ; mais les temples continuèrent
d'être entretenus comme monuments publics. Théodoric, le roi Goth qui
s'était fait en Italie le successeur des Césars, quitta sa capitale de Ravenne,
pour passer six mois à Rome, en l'an 500. Il admira les édifices déjà anciens
et institua un fonds spécial pour les faire réparer, sans oublier les thermes, les aqueducs et les égouts. Un comte, appelé le comte romain, fut
préposé à la conservation des statues. Elles étaient encore en très grand
nombre, malgré les spoliations répétées. D'après le rhéteur Cassiodore,
ministre de Théodoric, les chevaux des statues équestres formaient un
véritable troupeau ; les statues d'hommes et de dieux étaient un peuple

de marbre, à côté du peuple des vivants : *populus copiosissimus statua-
rum, greges etiam abundantissimi equorum*. Ce peuple, qui représentait huit siècles d'art, fut grossi encore au VI° et au VII° siècle de quelques statues élevées à des empereurs, des consuls ou des poètes. L'effigie
de Sidoine Apollinaire, après celle de Claudien, prit place dans l'assemblée des hommes célèbres réunis sous les portiques du Forum de Trajan.

Fig. 134. — Pyramide de Sestius et porte San Sebastiano.

Au Forum romain, l'exarque Smaragdus consacra une statue de l'empereur Phocas. La colonne antique qui servait de piédestal à cette statue
de souverain byzantin est restée debout jusqu'à nos jours au bord de la
voie triomphale ensevelie sous les ruines accumulées (fig. 112).

En l'an 500, au temps où elle émerveillait Cassiodore et Théodoric,
Rome avait été par deux fois la proie des barbares. Elle fut prise en
410 par les Goths d'Alaric et un demi-siècle plus tard par les Vandales
de Genséric. Le premier pillage dura trois jours ; le second deux semaines.
Le Palatin et les temples du Capitole furent dépouillés de tout le métal
qu'ils contenaient.

Ces pillages n'avaient pas été des démolitions. Quelques incendies seulement avaient détruit des quartiers éloignés du centre. Au VIᵉ siècle, Rome fut encore prise deux fois par Totila, et les Goths y firent encore un immense butin. Ces derniers pillages laissèrent pourtant debout les palais, les thermes et les temples.

Dans la ville chrétienne, humiliée, appauvrie, dépeuplée, une énorme ville morte resta debout. Mais personne ne songea plus à restaurer les monuments du passé. Les hommes hâtèrent l'œuvre de destruction que le temps commençait. Les colonnes de marbre précieux furent transportées dans les nefs des basiliques ou sciées pour le revêtement des lambris et des pavements. Les ruines, montagnes de pierre, furent éventrées comme des carrières; les marbres sculptés et les statues même furent jetés au four à chaux. Dans les siècles obscurs du moyen âge, le cadavre géant de la Rome impériale, autour duquel s'agitaient les vivants, fut dépecé par eux. Sous les pontificats les plus glorieux de la Renaissance, la démolition des ruines, entreprise méthodiquement, fournit des matériaux pour les palais et les églises. Les Romains et les maîtres de Rome ont fait ce que ni les Goths, ni les Vandales n'avaient essayé : ils ont détruit la ville antique qui avait survécu à l'Antiquité. Cependant si solide et si grande était l'œuvre d'architecture et de sculpture laissée par les trois siècles brillants de l'Empire, que quinze siècles n'ont pu la faire disparaître. Lorsque le culte de l'histoire et le respect du passé assurèrent au XIXᵉ siècle le salut de ce qui survivait, les ruines de Rome formaient encore un ensemble unique au monde. C'est l'honneur de l'Italie moderne que d'avoir conservé et retrouvé en partie, grâce aux restaurations et aux fouilles, ce patrimoine de gloire.

Fig. 135. — Portique des douze dieux, reconstruit au iv⁰ siècle de l'ère chrétienne.

TABLE DES ILLUSTRATIONS

TABLE DES MATIÈRES

ÉVREUX, IMPRIMERIE DE CHARLES HÉRISSEY

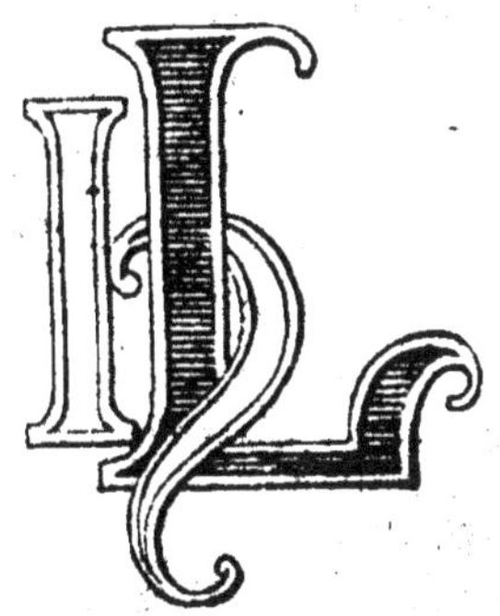